贝页

ENRICH YOUR LIFE

进化

走向确定的管理之道

刘祯 著

文匯出版社

图书在版编目（CIP）数据

进化：走向确定的管理之道/刘祯著.—上海：文汇出版社，2023.9

ISBN 978-7-5496-3885-7

Ⅰ.①进… Ⅱ.①刘… Ⅲ.①企业管理—研究 Ⅳ.①F272

中国版本图书馆 CIP 数据核字（2022）第 174951 号

进化：走向确定的管理之道
Jinhua: Zouxiang Queding De Guanli Zhi Dao

作　　者 / 刘　祯
责任编辑 / 戴　铮
装帧设计 / 汤惟惟
出版发行 / 文汇出版社
　　　　　上海市威海路 755 号
　　　　　（邮政编码：200041）
印刷装订 / 上海普顺印刷包装有限公司
版　　次 / 2023 年 9 月第 1 版
印　　次 / 2023 年 9 月第 1 次印刷
开　　本 / 889 毫米 × 1240 毫米 1/32
字　　数 / 160 千字
印　　张 / 7.875
书　　号 / ISBN 978-7-5496-3885-7
定　　价 / 68.00 元

献给在困难中仍不放弃的每一个人

序一

沿着管理"进化"之路,更好地理解管理理论

我国市场经济的历史并不长,得益于短缺经济和个人奋斗,第一代企业家可以依靠自己的朴素直觉和简单模仿,实现企业的非凡增长。他们中的大多数人没有系统学习过现代管理学的知识,他们所凭借的是自己的实践感悟和片段的、流行的管理认知。在过去相当长的一段时间,这是事实,并且他们取得了成效。

但在今天,情况早已发生变化,我国企业界已不再是草莽时代,在很多产业上我们的竞争对手已是跨国巨头,甚至在一些领域中我们的企业已经走在行业的领先位置上,在这样的情形下,企业管理者需要用系统的管理知识来提升企业的发展能力与竞争能力。

企业管理是关于实践的知识,并因着实践而不断进化,一百多年来的管理研究已经形成一个相对完善的经过检验的知识系统。这意味着,企业管理者不再需要一路"吃一堑长一智",而

可以换一种方式"交学费"。

诚然，企业界不乏令人耳目一新的英雄，但从整体上看，我们企业界不能寄望于英雄人物，而应着眼于企业管理层的整体管理能力提升。

普遍提升管理能力的方法是系统学习现代管理理论。现代管理理论不能代替管理实践，但确是管理实践的结晶，是人类理性在纷繁复杂的管理实践领域的一般性、系统性的智慧体现，其价值不容怀疑。

学习现代管理理论不能满足于其中的概念和理念，重点是沿着理论的"进化"路径，学习在不同时代环境里如何解决时代问题。不同时代的企业面临着不同的时代问题，不同企业存在于不同的社会土壤中，管理研究者的认知也有着一个不断发展的逻辑和层次，这是一个"进化"的过程。只有理解了"进化"的动因和路径，才是真正掌握了现代管理理论。

系统性管理理论确实有一定的阅读障碍，而且往往对理论的"进化"过程语焉不详。但是，真正具有管理效能的管理者，一定是掌握了管理理论的人，事实是，沿着理论发展的路径，掌握了体系化的知识，具备较坚固的"基本功"之后，才能更有效地思考企业实践中出现的管理问题，才能批判性地吸收市面上各种"管理新知"，才能更好地用管理自觉替代朴素的管理直觉。

正是基于这种考虑，我很高兴看到刘祯贡献出他对管理理论

"进化"的思考，本书比较系统梳理了管理理论的"进化"过程，更在两个方面给予读者帮助，一是管理学与各学科之间的关系和相互的启发；二是管理理论的进化路径，这一点对学习和理解管理理论很有帮助。对有兴趣掌握管理理论的企业管理者而言，本书可以帮助其了解各学科之间的影响和启发，了解管理理论的"进化"之路。同时，也期待刘祯在本书的基础上，对于各个学科的理解继续深入探讨，揭示这些学科对管理学的影响，相信这些进一步的研究能带来更多的价值。

陈春花

北京大学国家发展研究院 BiMBA 院长

2021 年 11 月 5 日于承泽园

序二

拥抱未来

今天,《进化》这本书终于要和大家见面了。

本书成稿于 2021 年,原定在 2022 年春季出版,但因为我们一起经历的特殊困境,被延迟到秋季。再到出版时,又因为一些特殊原因,推迟到 2023 年出版。我想,这几年,不论身在何处,我们都共同度过了重重困难,甚至今天很多人依然在负重前行,我也深有感触。坦白说,人们在低谷或困境时反而更能理解"进化"的意思,更能够呈现出进化的力量。进化是生命的渴望,存在于每个生命体的内心和体内。借助本书中的诸多案例,相信大家也会对此深信不疑。这意味着,因为可以进化,我们总有希望。

当然,我并没有刻意去动原书稿,包括当中的典型数据,并没有为了新而新,我想那是一个特别的记录。我和大家一样,在努力不断进化,那个时期是我研究管理本身特别重要的一个时期,坦白说,很多东西,过了那个阶段,我也没有办法再写出当时的样子。就像是一名运动员在不同时期会有不同的状态一样。所以，我也在变化和进化。更重要的是，我相信那个阶段的样子和状态是有助于我和大家一起学习的。从我的研究成长和学习来看，那个时期做此研究的重要性和不可替代性在于，它形成了一本进一步夯实基础或基本功和基本原理的书，或许这是大家提升管理认知必须经历的基础或台阶。由此，反而也许随着时间的流逝，大家会更加感受到这种基础研究的价值。成长总是循序渐进的，进化亦如此。

总之，我想我很幸运，本书能够出版，我很感谢一路陪伴和帮助我的出版伙伴文汇和贝页。李菁老师对教育和图书事业的热爱也让我们有更多共识，我很荣幸遇到这样的伙伴。也许很多人还不知道，改革开放之后是《文汇报》开启了我们学习管理的新征程，1979年钱学森先生在《文汇报》发表的文章《组织管理的技术——系统工程》吹响了我们学习管理的号角，并且引发我们去关注开放综合的系统。我还要感谢吴冠军老师，他是非常出色的政治与社会学者，和他的交流让我更加感知社会学科的魅力。同时，我也很感谢各位读者的支持，更要感谢我特别敬重的恩师陈春花老师，这是我在任何时候都要感谢的，没有老师就没有我，我永远是老师的学生。而这个学生的宝贵身份也在提醒我自己要不断学习。

作为总结，本书在最后提出了"综合管理"，认为这是管理的进化方向。本书的编辑杨俊君老师很好奇地问我，到底什么是综合管理，我很感谢这个问题的提出，或许这也是读者所感兴趣的一个问题。

这个概念其实是受到了"综合格斗"的启发。武术家、哲学家、格斗家李小龙先生协同了武术与哲学，用两者催生出"综合格斗"。传统武林各门派相互分割，不停争高下，由此产生内耗和内斗，并且在武术传承上往往采取传内不传外的闭门做法，最后不要说创新，甚至导致失传和走向没落，导致武术既无法与时俱进，也后继无人。这从某种程度上说是一种武术的局限，但根源其实是文化的局限。

李小龙则回到了东方文化的优秀底蕴，借助包容灵动的水哲学，他认为武术各派应该相互融合，也因此，他集各家之长创立了"截拳道"，由此，让武术有了新的神韵。截拳道并不特指一门拳法，而是类似于道家老子思想中的"道"，指的是博采众长，包括吸纳先进的外国功夫。所以，李小龙的动作效率不仅来自咏春拳的寸劲，还有双节棍、腿法、脚步移动等元素的综合，这几个代表元素分别来自或学习了菲律宾棍术、跆拳道以及拳王阿里的蝴蝶步。由此，李小龙引领武术（Martial Art）向"综合格斗"（Mixed Martial Arts，MMA）的方向进化。

当然，这种思想最早又可以追溯到霍元甲，其推动武术教育从传内到传外发展，从身体延伸到精神，做到体育合一，并且开始通过创办学校的方式推广武术精神的积极影响。由此，让武术敞开大门，有了开放精神。他与农劲荪在上海联合创立的精武体育会今天已经遍布全球，成为连接世界武术文化交流互进的一座桥梁，并且已经走过百年光阴。一百年前，在那样一个相对封闭的社会和低迷的动荡年代，这种开放是何等的创新。在那个特殊年代，精武体育会振奋了很多国民的身心，通过习武来提振人们的精气神，真正诠释了"体育"。对此，孙中山先生特别为精武体育会亲笔题写了"尚武精神"。就像今天我们说"知识就是力量"，要用知识来武装我们一样。这是中华武术的真实传承与创新。李小龙将续写的故事搬上大银幕，在电影《精武门》中塑造了一个精武门弟子陈真的形象，以此来表达他延续霍元甲的武学理念。

同理，很多人都知道管理是一门艺术，综合管理实际上就是让这门艺术更加开放。战略、组织、文化、自我管理等各种实践模块都不是相互割裂的，与管理学相关的各个学科也都不是相互割裂的，理论和实践更不是割裂的，它们之间也不应该有高低之分，不存在哪个实践部分或学问更高级。其实，每个部分和学科都有其用武之地，关键看我们有没有去发现和吸收，就像我们能否看到李小龙的武学之道，取决于我们是否愿意开放和包容多元。管理应该博采众长，知行合一，才能发挥效力。由此，如同从武术（Martial Art）到综合格斗（Mixed Martial Arts，MMA），管理（Managerial Art）也需要向综合管理（Mixed Managerial Arts，MMA）的方向进化。所以，如同德鲁克创立管理这门学科时所说，管理是一种实践，管理是讲求实战的，那么，要取得实战成效，如同综合格斗，就需要综合管理。同时，如同李小龙的武术哲学，这也是一种管理哲学。

或许，更简单地说，对于这个新的管理哲学概念，大家记住MMA 就可以了。MMA 也是个方向，并没有尽头，也没有边界。不论是综合格斗还是综合管理，其灵魂都是综合，把握住这一点就够了。也许，这个点对大家的进化来说，就是一个重要启发，由此就把长期封闭和挡住自己的窗户纸打开。

这就是综合管理的意思，也是管理进化的方向。不乏学者同样在观察和欣赏李小龙先生，比如资深管理学者陈劲老师也非常推崇李小龙的哲学思想。我想，这会是很多人都会有的共鸣或共识。

最后，我很建议大家拥有更加开放的思想，真正把思想解放开，去拥抱未来。的确，本书展现的内容还是非常有限的，既然进化和综合管理是方向，我们就要不断去学习更新的思想，与时俱进。只是，就像练习武术或综合格斗一样，基本功需要扎实。在此基础上要展开持续学习才可以，进化是没有尽头的。进化是个过程，我们的成长是进化的结果，也因为进化，成长才可以持续。所以，在掌握基本知识和明确进化方向的基础上，我特别建议读者再去学习创新。比如，去了解我的恩师陈春花老师对于组织数字化转型的思考以及协同共生的引领，数字化生存是这个时代要求的生存之道，协同共生更是表达出了人类的心愿。

让我们一起学习、一起进步，一起用"进化"的实际行动拥抱未来。

刘祯
2023 年 5 月 11 日深夜
写于上海

序三

保持进化

《不乱》出版之后,收到了众多读者的良好反馈和宝贵建议,出品方贝页也启发我可以综合过往的积累予以修订,以此更好地回馈读者。当我把过往 20 多年的管理学习和研究积累倾注于此书时,它不知不觉进化成一本新书——《进化》就这样诞生了。"进化"既是对本书主要内容的概括,是本书的主题,也体现了研究的方法。

《不乱》从历史的视角搭建了一个较为系统的理论框架;在此基础上,《进化》进一步夯实了理论基础,并采用更多详实的案例来诠释理论。这让本书呈现的管理基本功更为扎实。《进化》有《不乱》的影子;但相比之下,《不乱》更具广度,而《进化》更具深度。

如《不乱》的序言所说,"很多人热衷于流行的概念和知识,反而忽略了管理学基本功的修炼。事实上,如果一个企业管理者的管理学基本功不扎实,那么其管理的基本功就不扎实,整个企业的表现就会不稳,抓不住机会,更经不起挑战,而对于一个人来说也是如此"。比如,在战略上,学习了很多先进的概念,却忘记了最基本的"慎行",就有可能出大乱子。越是基本功,越需要去认真领会和重视,而那些真正优秀的企业和人往往基本功都比较扎实。让管理的基本功呈现地更加实在,正是写作本书的初心。

管理者实际上是一个责任岗位,当基本功扎实的时候,我们才能更好地负责,包括对岗位负责,对自己负责,因为我们每个人都是管理者,是自己的管理者。所以,我们需要走向更好的管理之道,进化成为更负责任的管理者。

华为创始人任正非先生在学习中国共产党如何打胜仗时总结道:"关键历史时刻,一个队伍的组织不乱,队形不乱,就是最后的胜利的基础。"可见,"不乱"有多重要。本书的诸多案例不仅呈现了"不乱"的样子,还呈现了从混乱到不乱的"进化"过程,这个成长历程就是我们走向"确定"的管理之道。好的案例就像是一面明镜,从现在的自己到我们更渴望的镜中的自己,这样向更好样子的实践就是进化。

我们的行为都会留下足迹,"一分耕耘,一分收获",我们前期所作的努力不会白费,坚持长期主义,终究获得好报。"进化的规律"在于,我们要走正道,向善进化,并且要持续进化,没有一劳永逸，不进则退。所以，不论何时何地，我们都要提醒自己保持进化，向着更善、更好的方向努力，并且用奋斗克服进化中的困难。我们要坚信，好日子都是奋斗出来的。本书的诸多案例都展示了这样的进化历程。

习近平总书记说："历史是最好的教科书。"作为一名管理学者，当我完成本书的写作时，对此更是深信不疑。

本书写作期间，我很荣幸地收到吉姆·柯林斯先生的亲笔来信，指导和鼓励我继续开展研究，他是继彼得·德鲁克先生之后又一位影响世界的重要管理学家，对于我作为学者的长期坚持，这是莫大的鼓舞，这让我非常感激。我要深深感谢恩师陈春花教授对我的传道授业解惑，她在我心里是中国最好的管理实践研究者，更是我永远的好老师。

本书成稿时，太太对我说："看到你为这本书付出那么多的不眠之夜，实在太不容易了，而我又帮不上什么忙。"这句话于我是极大的温暖，我特别感谢家人的体谅和关爱。

最后，再次感谢读者朋友们的阅读和厚爱，我愿继续聆听诸君的指引，保持进化。

刘祯
2021 年 10 月

目录

序一：沿着管理"进化"之路，更好地理解管理理论 | I
序二：拥抱未来 | IV
序三：保持进化 | X

01 / 战略进化

太阳马戏团：新企业新能力 | 1
不再依赖短缺的资源 | 3
核心能力是生存基石 | 6
创造顾客价值是进化的焦点 | 9

IBM：在进化中"返老还童" | 15
战略路径：变革中的清晰舞步 | 16
商业嗅觉：让发明进化为创新 | 18
关键人物：进化的推动者 | 25
从大到强：进化是健康的动态成长 | 32

3M：顾客需求指引进化方向 | 36
技术路线支撑战略路径 | 37
顾客是创新的领路人 | 39
新产品活力指数检验创新成果 | 40

金佰利 vs 宝洁：唯有持续进化 | 43

    金佰利：旗开得胜 | 45

    宝洁：有备而来 | 48

    史密斯：再造金佰利 | 51

    决心：坚定不移地进化 | 60

    ▎历史的插叙——西尔斯纸巾 | 64

02 / 组织进化

目标：支撑战略进化 | 68

    进化中的组织结构 | 69

    灵活的形态与稳定的下盘 | 73

抓手：平衡集权与分权 | 78

    分权之后不乱 | 80

    弹性设计 | 86

环境：公平 | 87

    做员工坚实的后盾 | 88

    建构公平的组织环境 | 91

阵地：年轻人是"新希望" | 95

    分权给年轻人 | 96

    为年轻人搭建舞台 | 98

    ▎历史的插叙——四位"组织理论之父" | 104

03 / 文化进化

海尔：人人创客 | 109

德胜洋楼：教育培养美德 | 112
    教育：长期投入 | 118
    实践：做中学 | 124

华为：不停歇地奋斗 | 126
    "组织人"：文化进化的个体目标 | 128
    "狼性"：于艰苦中求生的法则 | 130
    "法治"：《华为基本法》落实价值观 | 134
    合力：集成产品开发贡献客户价值 | 138

▎历史的插叙——文化的布道 | 147

04 / 自我进化

乔布斯：在"入世"中进化 | 152
    个人与组织契合 | 153
    个体对组织的认知 | 156
    乔布斯的"入世"柔学 | 158

刘永好："谦逊"成就格局 | 172
    从企业战略到国家战略 | 176
    格局推动组织高度的提升 | 179

贝索斯："飞轮"哲学推动协同进化 | 185

从个体进化到协同进化 | 186

个体在组织中升值 | 189

厚积薄发的真功夫 | 193

▎历史的插叙——云计算：群雄逐鹿 | 202

05 / 综合的力量

通用电气：进化中的重生 | 209

战略进化："数一数二" | 209

组织进化：无边界组织 | 210

文化进化：战略深入人心 | 212

自我进化：让更多人成长 | 213

从顶层设计到行动支撑 | 217

试点的艺术 | 218

业务的焦点 | 219

综合而又简单的艺术 | 222

参考文献 | 226

01

战略进化

太阳马戏团：新企业新能力

1984年，在马戏行业并不景气的时期，一位喜欢街头表演的年轻人却成立了一家马戏团，从加拿大开始创业——三年之后，这家马戏团登上了美国洛杉矶艺术节的舞台。不过，起初艺术节并不对马戏团开放，因为艺术节要的是艺术不是马戏，但是这家马戏团用一出好戏敲开了艺术节的大门，这出戏的名字就叫《我们重新创造马戏》。这台演出不仅惊动了洛杉矶艺术节，同时引起了好莱坞的注意，哥伦比亚电影公司甚至计划买下版权拍成电影。不过，面对这些诱人的机会，这家马戏团并没有动摇自己的初心，还是专注于自己独特的马戏事业。十余年之后，这家马戏团成为世界马戏团行业的领导者，这就是被誉为加拿大国宝的太阳马戏团。

只用了不到20年的时间，太阳马戏团就超过了拥有百年历史的世界马戏团王者玲玲马戏团。在这段积累的时间里，一是专注——专注于事业不受诱惑，二是准——精确对准关键的顾客价值点，这让专注的时间更有效率。比如，在创造顾客价值上，行业普遍的关注点在于动物表演，而太阳马戏团却把焦点放在了人的表演上。太阳马戏团没有受到行业大多数企业的影响，而是专心于思考对于顾客价值最重要的点在哪里。一个单纯依靠动物，另一个不断去开发人的潜力，这就是差距的根源。

2017年5月，因为不叫座，玲玲马戏团在完成了纽约的最后一场演出后宣布谢幕，这家拥有146年历史的世界级马戏团正式退出历史舞台。而这一年，太阳马戏团的门票出售再创高峰，达到了1300万张。当然，在现场舞台表演行业受到全球疫情重创的背景下，今天的太阳马戏团也遇到了巨大挑战和困境，但不能因此而忽略其在特定历史时期的优异表现，其表现已经可以作为经典案例载入管理史册。与此同时，如果其依然可以保持聚焦与创新的开拓精神，相信会有重生的机会。

如果把太阳马戏团和玲玲马戏团看作马戏团行业的两个王者，双方的竞演本身就是一出好戏。太阳马戏团的确重新创造了马戏，玲玲马戏团这头"大象"却没能舞动起来。

不再依赖短缺的资源

在太阳马戏团之前，玲玲马戏团一直都是马戏行业的领导者。玲玲马戏团创立于1871年，以稀有动物的表演为卖点在当时大受欢迎。作为行业先驱，玲玲马戏团也以此定义了马戏行业。而玲玲马戏团的核心资源莫过于自养的大象，基于此，它一直延续的招牌大戏就是《会跳舞的大象》。这就是玲玲马戏团的战略逻辑，看起来似乎没有什么问题，战略上非常专注，同时拥有核心资源，但结果却倒下了。问题出在哪里呢？

事实上，这个问题已经在提醒我们：在战略上保持专注，拥有核心资源，未必会拥有持续竞争力。所以，经营企业也不能仅仅把专注和资源当成长生不老的灵丹。当然，为了解答这个问题，要把目光投向这出对决好戏的新秀太阳马戏团。事实上，如同太阳马戏团的创团大戏《我们重新创造马戏》，其成功的关键就在于对行业的重新认知和创新行动上。

在玲玲马戏团创团的19世纪，马戏团是广受欢迎的行业；进入20世纪之后，观众开始逐渐被电影等各式各样的娱乐方式分流，这是整个行业开始走向下坡路的一个重要原因，是企业生存环境的格局和趋势在变。在这种格局的演变之下，如果其他的娱乐方式可以更精彩，这个行业就有可能会退出历史舞台。另外一个使马戏团行业不堪重负的原因是其对动物的过度依赖。维持大象、狮子、老虎这些核心资源，不仅成本高，表演形式还相对单一，长时期下来人们会审美疲劳。而随着社会文明的发展，各种动物保护组织也纷纷反对利用动物表演。所以，成本高、价值低、出力不讨好，这个行业要想存活下来，注定要被重新定义。因此，准确地说，动物资源已经不是真正有价值的资源，其不能创造更高的价值，甚至从生态伦理层面来看，动物能否作为资源被如此开发都值得商榷。综合这样的经营环境来考虑，实际上，玲玲马戏团在手里攥了一百多年的资源已经过期了，这也意味着它已经开始逐渐失去核心竞争力，因为其竞争力依赖的是这个资源。

资源真的那么可靠吗？什么样的资源才是有效的呢？企业需要什么标准来对此进行评判呢？

1986年，巴尼在《管理学会评论》发表了《组织文化能否成为持续竞争优势的来源？》一文，说明了什么样的组织文化才能够带来竞争力。组织文化只有具备一定标准时，才可以贡献出竞争力。第一，文化必须有价值，应该促进绩效产生；第二，文化必须是稀有的，有与众不同的特点；第三，文化还必须难以模仿。换言之，不是所有的文化都可以产生竞争力。随后，1991年，巴尼又在美国《管理学报》发表《企业资源与持续竞争优势》一文，延续了有竞争力的组织文化标准，并将这些标准扩展为企业有效资源的四个标准,因为有效资源的存在,才让企业拥有持续竞争优势。这篇学术论文强调了资源的重要,在管理学研究领域成为资源基础观的代表作。相比资源基础观这个术语,核心能力这个词在现实中应用得更为广泛,甚至已经成为日常用语。不过,很多时候,我们也许并不清楚其内涵。事实上,有效的资源和有竞争力的核心能力都是有明确标准的。

当资源具备以下四个标准时,才是可以带来竞争力的有效资源。

第一,资源要有价值。对于经营企业而言,什么样的资源没有价值呢?如同德鲁克的论断,企业只有一个目的:创造顾客。因此,不能贡献顾客价值的资源就没有价值性。这样,价值性也就变得非常明确,即可以贡献顾客价值。

第二,资源要有稀缺性。物以稀为贵是一个基本的道理,它启示企业要去抢占稀缺资源。比如,对于海事业务相关的企业而言,码头就是稀缺的宝贵资源。中集集团之所以可以快速成长为集装箱行业的领先企业,就在于其较早意识到这一点。集装箱的运输成本高,因此,靠近码头就会有生产成本低的领先优势。但码头又是非常有限的,于是中集集团率先展开对全国码头集装箱制造业的资源整合。

第三,资源要难以模仿。在运用资源方面,企业不仅仅要在稀缺资源上占据优势,还要确保这些资源本身是不易被模仿的;否则,因为稀缺资源建立起的优势就会快速被模仿。

第四，资源要有不可替代性。如果资源容易被替代，企业也无法建立起持久的竞争优势。

如果我们懂得用有效资源的标准去评判现有的资源，就会发现，可能我们很多自以为是有效资源的资源其实并没有竞争力，可能是无效资源。更重要的事实是，有效资源的界定本身意味着，真正的资源非常有限，而且，即便是稀缺资源，当它不能再创造价值时，也会失效。这种资源只能依赖"一时"，不可依赖"一世"。就像是在马戏团中，相比于稀缺的动物，从长远来看，人的创造力更加无限。

核心能力是生存基石

核心能力也有三个标准：可以贡献顾客价值，可以帮助企业实现多元化，以及难以复制。其中，价值性和难以复制与资源的特性类似。对于多元化，没有核心能力做基础的多元化就是"乱做"，甚至业务也是跟风之作；以核心能力为基础的多元化则是有序的，是不乱的。

20 世纪 80 年代，部分美国企业在与日本同行企业的竞争中逐渐失去竞争优势，对此，普拉哈拉德和哈默对比研究了美日两家同行的代表性企业：美国通用电话电气公司（General Telephone Electronics，GTE）和日本电气公司（Nippon Electric Company，NEC）。1980 年，GTE 的销售额为 99.8 亿美元，

NEC 的销售额为 38 亿美元；1988 年，GTE 的销售额为 164.6 亿美元，NEC 的销售额则为 218.9 亿美元。不到 10 年的时间，NEC 从一个无名小卒迅速崛起，成为世界半导体工业的领导者，并且在电信产品和计算机领域也跻身一流企业，而 GTE 的国际地位却一路下滑，沦落为以经营电话业务为主的公司。两家企业产生翻天覆地变化原因是什么？为什么两家起步时业务组合相近的企业在几年后的表现却如此悬殊？

为了更简单地说明什么是其中发挥作用的核心能力，普拉哈拉德和哈默对此进行了形象的比喻：多元化企业就像是一棵大树，我们看到的花、叶和果实是最终产品，产品在业务的枝干上成熟，而支撑枝干和为大树提供养分的根脉就是企业的核心能力。因此，如果只是通过最终产品来评价一个企业或者竞争对手的实力，就有可能会看走眼，就像只依据树叶来判断树的茁壮程度。NEC 和 GTE 的关键区别就在于，GTE 仅仅是组合一些业务，而 NEC 则是真正地基于核心能力架构业务。

早在 20 世纪 70 年代初期，NEC 就明确了把计算机与通信技术结合的战略意图。但是 NEC 更加清楚，这个战略意图的达成关键在于要有核心能力的支撑，即在半导体领域的核心能力。基于此，NEC 的一切努力围绕培养核心能力展开。

首先是实现战略意图的组织共识，在七十年代中期，NEC 开始将这种战略意图传达给整个组织以及外部伙伴。其次，调整组织结构来支撑战略意图，NEC 成立了由公司高层组成的"计算机与通信委员会"，指导核心产品与核心能力的开发。最后是合力打造核心能力，展开战略联盟：1980 年至 1988 年间，NEC 与众多企业联结，以吸收和消化合作伙伴的专业能力——1987 年其联盟数量已经过百，这大大增强了其核心能力。与之形成对比的是，GTE 并没有如此明确的战略意图、组织与行动支撑，尽管其内部也讨论过信息技术的发展将带来的影响，但对于在信息技术行业生存需要什么样的能力，并没有形成共识，更不用说在组织内外协同打造这种能力，结果是其经营的业务单元之间毫不相干。

由此可见，核心能力缘何可以称为企业战略进化的核心所在。GTE 的多元是乱阵，NEC 的多元则有核心，是用核心能力支撑其向不同的业务推进。由此，NEC 也验证了核心能力的三个条件：能够帮助企业进入多样的市场，那些表面看起来分散的业务其实都可以在企业的核心能力中找到强有力的支点，如 NEC 的数字技术；能够用核心能力形成产品为顾客带来价值，NEC 的数字技术就满足了这个条件；竞争对手难以模仿，NEC 的数字技术源于更早的洞察和长时间的积累，包括通过联合来增进技术，因此难以模仿。

如果用这些标准来衡量，就会发现很多企业认为自身拥有的核心能力其实并非真正的核心能力。比如很多企业讲自己的研发能力强，但只有少数企业的研发能力可以称为核心能力。而华为的研发能力的确可以称为核心能力。第一，华为的研发以顾客价值为导向。事实上，华为并非最早就如此，或者说并非一开始就拥有这样的能力。任正非较早意识到技术人员不能跑得太快，不能快过市场需要，而技术和市场人员在原有的职能制结构下各自有各自的立场。因此，华为利用产品集成开发，让技术人员和市场人员一起来开发产品，从而统一了技术人员和市场人员的顾客价值导向。第二，华为的多元战略取得了成效。从底层的通信业务开始，到消费者业务，再到企业级数字业务，背后的核心都有信息技术在支撑。第三，华为的研发能力难以复制。原因在于华为多年高研发投入的积累，这种积累让对手难以模仿。另外，实际上华为走了三十多年才有了这三个主要业务，步伐并不快，也许未来还有新的业务，但有效的业务都离不开研发核心能力的支撑。

论述完资源和能力之后，除了其重要的标准之处，从整体上我们还可以得到一个极为重要的认知。资源实际上是有限的，我们并不能过度依赖于资源，相比之下，能力则有更多的可能性和创造性。资源和能力究竟如何区分？用最通俗的话说，如果土豆是资源，能不能炒得更好吃，就要看能力了。

创造顾客价值是进化的焦点

如果我们用有效资源和核心能力的标准来看玲玲马戏团就会知道，其已经失去了有效资源和能力的首要条件：顾客价值。而太阳马戏团对行业的重新定义则回归了这个核心点。在今天的马戏行业，像大象之类的资源再贵、再稀缺，其实都不是真正有价值的稀缺资源。"贵"和"宝贵"其实是两个概念，关键得看是不是"宝"。必须要能创造价值，才能将之视若珍宝。

正当整个行业都围绕着行业领导者玲玲马戏团转时，太阳马戏团横空出世。从一创立就对准艺术节，开始用艺术的方式重新定义行业。如果说以玲玲马戏团为代表的传统行业的焦点在"马"上，太阳马戏团的重心则压在了"戏"上。太阳马戏团放弃了整个行业最看重的动物资源，取而代之的是戏剧的设计。其目标不再是用单一的动物表演去吸引小孩子，而是用充满想象力的剧情去吸引更多的观众。因为要去接触更多的顾客，太阳马戏团把整个行业的边界打开了。从本质上讲，太阳马戏团并没有和玲玲马戏团针锋相对，它没有去和玲玲马戏团等同行争"马"的观众——这部分观众在减少，而是拓展行业的空间，把看"戏"的观众吸引进来。这种战略眼光的关键体现在不把注意力放在对手身上，而是顾客那里。

有些人觉得太阳马戏团的演出是"四不像"：像是马戏，又像是戏剧，有时像是一部大电影，有时甚至又像是普及知识的科教演出。谁都不知道太阳马戏团的边界在哪里，可正是如此，太阳马戏团找到了更多的顾客。

太阳马戏团跳出了彼此厮杀的红海而进入蓝海，但事实上，健康的市场本来就应该是一片蓝色的大海，并且是一望无际的。从所接触的顾客面来说，之前的马戏行业也许并没有在大海里，可能只是在一条河里，并且这条河久而久之变成了一滩死水。真正的大海是广阔无垠，可以容纳物种共生的。从这个角度看，太阳马戏团的路还很长，并且"道阻且长"，因为它闯入了真正的大海，要学会和更多物种共生。

太阳马戏团模糊了行业的边界，让自己汇入了大海，这片汪洋大海就是海量的顾客。而太阳马戏团的核心能力在于想象力，以内容为核心创造出各式各样的表演，比如阿凡达前传、对生命的各种探索和展现，甚至致敬歌手迈克尔·杰克逊。因为想象力可以让投入的内容成本创造出更大的价值，与为动物投入的成本所带来的单一价值有天壤之别。大象表演的花样有限，而人生的故事则丰富多彩。这也是不再有效的资源与富有活力的核心能力的对照。基于想象力这一核心能力，太阳马戏团实际上是一家内容设计公司，称之为一家高科技公司也不为过——这家马戏团每年会拿出七成利润开发新节目。于观众而言，一个新节目的保鲜期在三到五年，所以太阳马戏团用高研发投入让新产品源源不断，这是高科技企业的做法。

除了善用核心能力，太阳马戏团还是一家非常善于合作的企业，从创立初期与艺术节的合作，到与百老汇、好莱坞等伙伴的合作，都让彼此在大海中有了更强的共生能力——这也是重要的生存手段。总之，过去我们喜欢用蓝海战略来总结这家企业的成功之道，但是今天我们可以，也应该换一个角度来认知：人人都愿意在蓝海当中；或者说，其实我们就在蓝海之中，只不过需要用容纳顾客的胸襟唤醒自己。当我们身处大海时，还需要从生态的角度来保护大海，彼此协力来创造顾客价值，那么我们在其中奋力遨游的就一定不是红海，而是一片蔚蓝的海洋。

上世纪八九十年代，被誉为"功夫皇帝"的李连杰曾和成龙一起领衔整个功夫电影的黄金时代，而当李连杰的师弟吴京出山时，功夫电影市场已经回落至低潮，甚至整个香港电影行业也开始逐渐暗淡。尽管拥有一身好功夫，也被冠以"功夫小子"的称号，但限于市场表现，当时的吴京不得不在香港电影中出演各种小角色。经过十余年蛰伏，2017 年，吴京自导自演的电影《战狼 2》取得了近 57 亿元的国内票房，打破了中国影史纪录，他也完成了从动作演员向胜任不同电影工作角色的初步尝试。这种出色的表现是吴京的厚积薄发，而他积累的过程也是蜕变的过程。《战狼》系列不完全是功夫电影，却为功夫电影开辟了一片新天地。这部电影把功夫电影的边界彻底打开了，有人说是功夫片，有人说是军事片，有人说是战争片，还有人觉得是充满正能量的主旋律影片，众说纷纭。一千个人心中有一千个哈姆雷特，看法本来就应该百花齐放——最重要的是，有一千个人去看了。

引人注目的还不只是近 57 亿元的票房，更是 1.6 亿的观影人次。这部电影实际上吸引了功夫片影迷之外的大量观影人群，不仅仅是年轻人，还有老人和青少年，甚至拉动很多从来不进影院的人去观影。这就是开放边界的魅力，否则就接触不到这么多的顾客。

不论是太阳马戏团重新定义整个行业，还是吴京用《战狼》系列电影开辟新蓝海，战略成长空间都被打开了。在这个巨大的空间当中，看似触及很多顾客，但是焦点一直都很清晰。所以，不要把开放边界简单地等同于盲目地多元化经营。在战略层面，开放边界意味着打开战略眼界，但是焦点从未迷失。对于太阳马戏团来说，仍然是聚焦在马戏行业，只不过在重新定义马戏行业；对于吴京来说，自己仍然是功夫明星，只不过在重新定义功夫电影。因为准确的重新定义蓄积了焦点的爆发力，把焦点的能量放大了。所以，从结果上看，焦点是被放大——可以容纳更多的顾客，而非模糊了。

滴水穿石的确是在讲始终要把水滴向一个点，但不意味着水的形状不能变；愚公移山的确是在讲要把一座大山移开，但不意味着是愚公一个人来移山。所以，聚焦同样需要灵活性和开放性，不是为了灵活和开放而为之，而是为了聚焦后有所作为，从而更具竞争力。顾客是指引核心能力的灯塔，新顾客则是新希望，创造新顾客是企业在行业逆境下自救的生存策略。所以，创新也可以理解为创造新顾客。

传统马戏团行业在萎缩，玲玲马戏团倒下，功夫片市场在萎缩，根本原因是现有的顾客不足，顾客越来越少了，已经不足以养活行业和自己，可谓是僧多粥少。这也是行业的生命周期：相较来说，一开始买的人多、卖的人少，后来卖的人多、买的人少；最后，活下来的行业已经是经过进化的，其间是卖方的主动求变，没有进化的行业则会进入生命周期的尾声，逐渐被淘汰。要做买卖，就要懂得这个买卖的道理，灵活应变。行业的僵化就在于，老顾客可能已经腻了，新顾客又没有出来，这时的行业就是"死水"，因为实际是没有多少顾客的。主动求变，注入新顾客，才能让行业从僵化到进化，成为"活水"。由此可见，顾客是源头。

电影《百鸟朝凤》是老一代导演吴天明的最后一部作品。这部作品发人深省，讲述了一种艺术形式和一个戏团的兴起和衰落。唢呐艺人的表演最初备受尊敬，尽管已经流传几代，曾经辉煌，但最后还是没人看了，结果非常凄凉。这门曾经被认为是高雅艺术的表演形式已经不是新时代年轻人的选择。尽管唢呐艺人竭力捍卫着这门手艺的尊严，用尽生命的力量去演绎，但终究是一场悲剧。

怎样才能捍卫行业发展呢？不做改变就是捍卫吗？不论如何，得让行业活下来！要让一个行业活下来，让一个企业活下来，离不开顾客的支持。顾客是衣食父母。对于顾客确实已经不再喜欢的内容和产品,或者确实是对顾客不利的内容和产品,我们需要真正地从为顾客创造价值的起点出发,重新认知和创造内容与产品,这样才有可能留住老顾客,同时吸引到更多的新顾客。而当新顾客再变成老顾客时,又要继续重新创造顾客价值。否则,任何企业和从业个体都活不下来。也只有这样,企业发展的雪球才能一点点地滚大,一门手艺才能逐渐发扬光大。

从这个角度来说,蓝海的确是没有边界的,开辟了一次还要继续再开拓,无法一劳永逸——企业转型了一次可能还需要根据顾客的变化继续转型。这才是对行业和企业尊严的真正捍卫。

IBM:在进化中"返老还童"

玲玲马戏团的大象没能继续舞动起来,但是IBM这头"大象"却舞动了起来,如同IBM成长史中的一位关键企业领袖郭士纳所言:"谁说大象不会跳舞?"IBM是华为的老师,从1998年华为邀请IBM帮助其进行集成产品开发开始,任正非就说华为很有幸请到了一位好老师,要认真学习。当然,今天华为的销售额已经超过了IBM,说明了学生好,也说明了老师好。在"后浪"前进的同时,IBM依然保持着自己的竞争力,原因正在于其有节奏的战略舞动,一点儿都不乱,没有因对手和后浪而自乱阵脚,依然践行逻辑清晰的战略，一点点进化成长。

提到"国际商业电器公司"，可能很多人并不知道这家企业，但是如果提到"IBM"，很多人都不陌生了，而它正是这家企业的简称。IBM徽标的蓝色也被不少人熟知和喜欢，IBM把自己比作蓝色的海洋，无边无际又有深度，因为不凡的成就，它成为商业世界中当之无愧的"蓝色巨人"。

战略路径：变革中的清晰舞步

IBM成立于1911年，至今已有百年历史。创立之初，这家企业主要从事测量工时、重量等的运算工作，但真正让众人熟知的是IBM电脑，而让更多中国人知道IBM的则是它把个人电脑业务卖给了中国的联想集团。从一百年的大背景来看，IBM似乎在不停地变，不过有一段时间IBM好像有些"偷懒"——对80岁的"老人"而言，也"情有可原"。20世纪中期开始，正在当打之年的IBM成了电脑市场上的"蓝色巨人"；但是到了20世纪90年代初期，IBM年亏损额高达50亿美元，八旬大象彻底跳不动了。而正当大家都这样以为时，这头大象却重新跳动起来。进入新世纪，到了90多岁的时候，IBM卸下最成功的个人电脑业务，"返老还童"，活力再现了。

IBM是个非常有意思的企业，它身上有很多企业的影子。如果我们可以理解IBM的百年历程，就会发现它身上有很多中国大型企业的影子,包括其学生华为,还有被誉为中国现代企业常青树的新希望集团。事实上,任何一头"大象"的舞动都必须遵循一定的规律:动,又不能乱动,持续变革但又不失焦点。

IBM 创立于 1911 年,而现代管理理论也诞生于这一年,标志就是 1911 年泰勒的《科学管理原理》的出版。如果我们知道科学管理的主要工作是解决生产效率的问题,就会知道当时美国商业社会最需要的是对工作时间和物料的精确计算,而这就是 IBM 当时在做的事情。

IBM 的百年发展线路是非常清晰的。IBM 做计算机,可以追溯到一百年前,那时候计算的内容就是工作效率,这就是 IBM 的核心能力。再来看看后续的一系列转变,20 世纪中期之后,随着电子技术的发展,IBM 的产品从打孔卡转向数字存储,也就有了我们熟知的电子计算机,或者称为电脑。而这个时候的电脑还是商用的,到了 20 世纪 80 年代之后,随着消费市场的不断成熟,IBM 的产品从商用电脑转向个人电脑。到了 20 世纪 90 年代之后,随着电脑市场的饱和,IBM 的业务从硬件生产转向服务。2000 年之后,IBM 放弃个人电脑业务,重点转向咨询及数据服务。而在这整个过程,IBM 始终都在解决效率的问题,一点儿都没有乱做。IBM 是做"秤砣"起家的,从一百年前的"重量计算"到今天的"云计算",核心依然是数据运算与客户效率提升，只是当中经历了无数次升级迭代。IBM一直在借助计算能力推动商业效率的提高和时代进步。

这就是IBM的战略，看似跳来跳去，扑朔迷离，但是思路非常清晰。围绕客户工作效率的主线，一点一点地在跳跃，方向清晰，并且节奏感很强，如同一位卓越的"舞者"。其舞步让IBM保有了宏大的战略格局，在这个格局当中，不停地会有空间生长出来。如果战略思维不够清晰，要么跳不动，要么有可能坠入悬崖。当我们用百年这一宏观视角来回望，才能够洞察其中的韵律。

商业嗅觉：让发明进化为创新

有了创新的专利，应用才是重点。计算机技术不是IBM的发明，其发明者Univac公司并没有发现这一技术的商机，甚至对其商业应用不屑一顾。IBM则迅速捕捉到其中的机会，认为这种技术的强大处理功能将在商业领域大有可为，于是，IBM在这种计算机技术的基础上又进一步展开应用研究，比如加入财务核算的应用场景。由此，IBM正式步入商用电子计算机领域，五年间即占据了商用电脑市场的头把交椅。除此之外，还有一个看似不起眼的"小发明"也在IBM绽放了光芒，那就是条形码。IBM数据存储技术部的伍德兰从大学就开始构思为商品添加数据的条形码，1949年提出专利申请，1952年拿到专利时已经进入 IBM 工作。但那时候，条形码仅仅是一种超前发明。随着美国零售业的发展，20 世纪 70 年代，伍德兰继续研发条形码技术，1973 年，超市开始扫描伍德兰发明的条形码，其可追踪从服装到牛肉等一切商品，这促成零售行业的转型。1973 年，条形码的应用也成为 IBM 发展史上的重要里程碑。同样，在个人电脑领域，苹果电脑公司起步更早，但是 IBM 凭借在商用电脑领域的积累和多方力量联合，又先行一步，占领了个人电脑市场。这些案例从一定程度上说明了 IBM 的市场导向，它是一家重视技术但又不唯技术的公司。事实上，这也是华为从 IBM 身上学到的精髓，是两者作为师徒看起来非常相像的地方。

现在，我们应该更加理解德鲁克对创新的论述："创新不是发明，它是一个经济学或社会学术语，而非技术术语。其判断标准不是科学或技术，而是经济或社会环境中的一种变革"。瑞典查尔姆斯理工大学工业动力学系的基斯·史密斯教授在研究创新时说："专利也有它的弱点，最重要的是专利是一个衡量发明而不是衡量创新的指标，它标志着新技术原理而不是商用创新的出现。许多专利实际上不具有技术或经济意义。"研究技术创新的法格博格教授更是对发明和创新做出了明确的界定："发明是指首次提出一种新产品或新工艺的想法，而创新是首次尝试将这个想法付诸实践。发明可能发生在任何地方（比如大学里），而创新虽然也可能发生在其他组织（比如公立医院）里，但主要还是发生在企业里。创新者（熊彼特称之为企业家）的角色与发明人的角色存在很大的区别。在历史上，有许多重要技术的发明人都没能从他们的重大突破中得到回报，这种例子屡见不鲜。"实际上，《国富论》率先主张效率和市场经济，而真正把《国富论》运用起来的地区却是美国，并由此催生了更深入的效率革命，激发了商业活力。

创新的商业洞见与事件自数字时代后更为明显。"数字时代之父"是美国数学家克劳德·香农（Claude Shannon，1916—2001），其研究结论是，任何一种信息，如文字、图像、音乐，都可以通过二进制数码"1"和"0"进行编码通信。"1"代表电路开关开启，"0"代表电路开关关闭。20世纪60年代是机械计算转向数字计算的重要时代，华盛顿大学的首届计算机专业硕士生加里·基尔代尔率先开发出"DOS"系统，成为"DOS之父"，这比微软的"MS-DOS"早10年。1969年基尔代尔硕士毕业时，拒绝了海军上校发出的邀请，放弃就任海军军官的机会，选择到海军研究生院教书，正如他的太太多萝西所说，"他只热衷于教书"。比尔·盖茨曾拜访过基尔代尔，在基尔代尔看来："因为某些原因，我总觉得与比尔不好相处。我发现他的举止过于刻意，尽管无论讨论什么他都始终微笑着。盖茨属于技术型，更是一个机会主义者。"盖茨并非"DOS"的发明者，但他却以此开启了自己的商业帝国，成为世界首富。1974年，盖茨用于个人电脑的"BASIC"程序语言是由10年前达特茅斯大学的两位教授约翰·凯梅尼和托马斯·库尔茨发明的——"BASIC"意为"初学者通用符号指令代码"。尽管基尔代尔1976年在太太的劝导下从商,但最终还是退出了市场。1994年,52岁的基尔代尔去世时非常凄凉,生命的最后阶段他曾书写自传,但未曾公开出版,书名为《电脑倾情》(Computer Connections),表达了他对技术的钟情,也揭开了其没有成为世界首富的原因,他原本可以但又没有与IBM合作。

电影《硅谷传奇》中有这样一幕:苹果电脑公司创业初期,当盖茨到访乔布斯的办公室时,同事们曾劝说乔布斯不要让盖茨进来,自信的乔布斯不仅请盖茨进来还向其展现了自己的前沿研究成果。直到有一天,乔布斯发现那个横扫市场的视窗系统是盖茨所做的,他被震惊了,表达了对盖茨的愤怒。当然,20世纪80年代乔布斯也因在市场中失利的表现被逐出苹果,当他十多年后重回苹果时,盖茨已是世界首富,还成为了苹果的股东。两人一笑泯恩仇。一边是乔布斯的技术自信,一边是盖茨主动寻求与IBM的合作,于是有了八十年代初的市场表现。但是,不要忽略了IBM的嗅觉,它一直在洞察商业,捕捉市场。

基尔代尔和微软的案例体现了发明和创新的区别,也说明了在企业里技术与市场结合的重要,这一点亦是IBM与华为的共同点。当然,从另外一个角度讲,也可以说,某一项技术和发明超前了 10 年，或者说没有赶上好时候。任正非主张在技术上不过度超前的原因正是市场或者整体商业生态环境可能还跟不上，他在技术上主张"领先半步"。也许有人说，假如基尔代尔早于微软 10 年和 IBM 展开合作，用户也许就可以提前 10 年用上多任务处理和视窗系统了，那么，世界首富就会是基尔代尔。但是，没有如果，这就是现实，并且这个如果里面还得算上乔布斯也提前 10 年出生的可能。所以，有效的商业是，在合适的时间呈现出合适的商品。不管我们喜不喜欢和接不接受，这就是现实和规律。与此同时，已经无法改变的事实是，基尔代尔就是钟情于技术，一度难舍讲台，他就是"DOS 之父"，这足以令人尊敬。

十多年前，我曾调研一家企业的核心能力，并撰写报告。这家企业以技术为其核心能力，特别称在某项重要技术上是最早开始做的，但我下笔时却犹豫了。因为根据核心能力的标准，核心能力要得到市场的验证，要呈现出其价值。尽管该企业最早掌握这一重要技术，可是领先将基于该技术的产品投入市场的却是另外一家企业。

为此我做了消费者调查，没有一位消费者知道这项技术是我所调研的这家企业最早掌握的，甚至根本不知道这是一项技术，对此也并不关心，消费者更熟悉的是那家领先市场的企业。后者的名牌响、渠道广，在消费者的认知当中，这项技术属于这家企业。一提到这一技术或者产品,消费者首先想到的是这家在市场上领先的企业,而其产品品质也过关。这才是消费者关心的。

企业没有办法对顾客提过高的要求,更不能因为自己的技术资历而让顾客主动登门拜访,这都不现实。要创造市场价值,唯有技术主动面向市场。华为的技术强大也是由市场业绩来验证的,而华为被更多人知道其实是在其做消费者业务之后。

IBM 的商业嗅觉非常敏锐,其伙伴微软的商业嗅觉也异常敏锐,并且两者联合,一同吃到了上世纪八十年代美国个人电脑市场爆发的红利。有嗅觉,也要有技术,这正是上世纪八十年代微软比 IBM 技高一筹的地方,也是今天华为比肩甚至超过 IBM 的地方。

毫无疑问,IBM 实力强大,有一定的核心能力,尤其在商业洞察力上;但坦白说,IBM 距离亚马逊这样真正凭借自身核心技术打持久战的企业还是有一定差距的。上世纪八十年代,IBM 在个人电脑业务领域面对的是领先一步的苹果公司,尽管 IBM 强势胜出,但是真正拼到最后的还是苹果。这一点,后来让 IBM 重生的郭士纳也是承认的。IBM 一直急于扩大整机硬件的市场规模,并没有掌握核心技术,导致后劲不足。所以,上世纪八十年代的局面是,微软像"小弟"一样跟着"大哥"IBM,但大哥还没有小弟赚钱多,原因正在于技术差距。尽管当时的微软在原创技术上也存在争议，但它确是核心技术的运用者，并据此获得了高额利润。这正是IBM后来重新布局战略的原因，由郭士纳主导公司转向服务，并且要通过技术实力来支撑赢利点。

赢利越高，对其技术支撑的要求也越高。就像IBM今天所跨入的云计算服务领域，机会与挑战并存。技术上的实力正是华为学习了老师又可以超越老师的原因。华为充分学习了IBM的商业嗅觉，让组织全面转向市场，统一步调；同时，华为在技术层面保持扎实的投入，使其在历经20年的学习与奋斗之后"青出于蓝而胜于蓝"，足以比肩甚至超过"蓝色巨人"IBM。因此，商业的嗅觉与扎实的技术缺一不可。在这一点上，格力和华为也有相似之处。在商业嗅觉一端，格力有自己独特的营销方式，甚至由董事长董明珠亲自出山为格力的品质和形象代言；但是另外一端也必不可少，即核心技术的掌握、产品或服务的底气，这是根本。

上文所述创新更多的还是技术上的应用。相比之下，社会学出身的德鲁克更为推崇另外一种创新：社会创新，这是更大范围的创新，是指创新要满足社会需要，是基于社会需要或社会问题展开的创新。其中，西尔斯就是典范，他从满足农民需要的角度来创办企业，创造出邮购的商业模式。从百年历程来看，IBM在其间不曾中断"创业"，不论借助何种技术，这些持续的"创业"或转型活动都在推动社会的效率进步，甚至是变革。不论如何变化，保持这样的社会创新初心很重要，有这样的初心，就能保证其商业选择的基本动作是有意义的，让其有敏锐且能创造价值的商业嗅觉，从而不断寻求技术上的承袭或突破。

关键人物：进化的推动者

　　战略、核心能力和转型都不是自己产生的，必须有人来设计、推动或主导。IBM百年发展史上确有一些关键人物，更准确地说，应该称这些人物为企业的设计师。IBM的创始人托马斯·约翰·沃森奠定了IBM的战略基础，围绕提升客户效率的"计算"成为IBM的发展大方向；小托马斯·沃森让IBM在这个大方向上获得了"计算机"这一产品的竞争优势，成就了"蓝色巨人"。此后，一度迷路的IBM在郭士纳的带领下重新找准方向，从产品迈向更具挑战性但更有价值的服务，尤其是"云计算"。

　　创始人沃森做了三件特别重要的事情。一是确立正确的战略起点。沃森带领IBM顺势而为，迎着上世纪初期美国社会的效率革命，开展相应的计算工作，为IBM的组织发展奠定了根基。二是构建文化。沃森给IBM留下了三个必须：必须尊重个人，必须尽可能给予顾客最好的服务，必须追求优异的工作表现。这三点成为IBM流传至今的行为准则。三是创建研发体系。在"大萧条"时期，当很多人和企业都闲着没事或者不知所措的时候，沃森却开始招兵买马打造研发重点实验室，开发新产品，为未来做准备。

沃森的儿子小沃森也非常出色，在上世纪中期及时把 IBM 从打孔卡计算器领域带入电子计算机领域，奠定了 IBM 在电脑领域中"蓝色巨人"的地位。其中，1952 年是有里程碑意义的起点，IBM 通过磁带数据向世界介绍了数字存储，标志着打孔卡计算器向电子计算机的过渡，这是 IBM 数字存储的开端。到了 1971 年，IBM 又推出了世界上第一个软盘。

实际上，如果从业务转型的角度讲，小沃森不仅仅是继承人，也是一位创业者，他所做的是标准的"二次创业"。1945 年，第二次世界大战结束之后，身为中校的飞行员小沃森面临着是去航空公司当飞行员还是去 IBM 工作的选择。他给父亲沃森写信说："我相信自己有 75% 以上的把握会一生跟随您的足迹，而且我愿意这样做。"在征得了父亲的同意后，1946 年，32 岁的小沃森加入 IBM。同年，小沃森和沃森的助理柯克一起考察了宾夕法尼亚大学两位专家的新技术——由物理学家莫奇利和工程师埃克特联合开发的"ENIAC"（Electronic Numerical Integrator and Computer，电子数字积分计算机）技术。该技术用来计算空中的炮弹轨迹。ENIAC 有 18 000 个真空管，计算速度比当时的标杆哈佛大学"马克一号"快 1000 倍，自炮弹发射后就能跟踪并预测其飞行轨迹。"马克一号"由美国海军经费支持、哈佛大学研发、IBM 承建，于 1944 年交付。尽管当时父亲沃森依旧重视过去的打孔卡计算器，但小沃森向他提议将真空管计算机推向市场，并且认为电子技术会是公司的未来。

当莫奇利和埃克特还在申请美国人口普查局的资助开发"Univac"（Universal Automatic Computer，通用计算机）用于人口普查时，IBM已经着手将新的电子计算机技术用于自己的产品并推向商用市场。1952年，IBM的第一台商用电子计算机IBM701上市，起初计算速度慢于Univac，随后小沃森联合麻省理工学院做改进，使得IBM的计算机在性能上超过了Univac。1956年，小沃森在进入IBM 10年之后正式接替父亲，掌管公司。1965年，IBM的（在美国的）计算机市场份额为80%，Univac则不到10%。小沃森创造了一个新的计算机时代。

沃森父子创造了"蓝色巨人"IBM，而在父子俩之后，从20世纪70年代开始，IBM进入职业经理人时代。在这个时代，IBM迎来了业绩的巅峰，也曾跌入低谷。不过，低谷之后，IBM在一位又一位职业经理人的指挥下重新舞动。

沿着沃森父子铺好的路，IBM很快迎来了更辉煌的时期。上世纪八十年代，凭借在商用计算机领域的影响力和个人计算机市场发展的蓬勃趋势，有微软等"小弟"跟随的"大哥"IBM很快攻占了美国个人电脑市场。1981年，IBM宣布PC（Personal Computer，个人电脑）革命开始。借助IBM个人计算机，计算机不再是业余爱好者的专利，PC将走进普通家庭，IBM正式发售IBM PC。1981年到1984年，IBM的销售额从290亿美元增长到460亿美元，利润从33亿美元增长到66亿美元，在个人电脑市场上占据半壁江山。

1984年1月24日，苹果电脑公司发布了第一台Mac电脑，其发布借助了美国最火爆的超级碗做首发广告，广告的名字就叫作《1984》。"1984"不仅仅是一个年份，在也是一部颠覆统治阶级小说的名字，而广告的内容正是一个充满活力的年轻人拿着大锤去重击旧势力——苹果公司就是冲着"老大哥"IBM来的。这个举动并没有成功。一方面，当时的乔布斯和苹果还很年轻，孤军作战；另一方面，IBM的根基的确更深厚，外加微软、英特尔等伙伴的强力联合，IBM这头"大象"很难被人扳倒。

IBM这头"大象"真正摔跤，实际是因为自己的混乱。在成为个人电脑王者之后的几年里，IBM不再像以往那样拥有革新精神，反而官僚主义风行，机构臃肿。这个时候，IBM自身不再有效率，又怎么去帮助顾客和客户提升效率呢？1992年，直到业绩跌入谷底，亏损50亿美元，IBM才被自己打醒。

这时，它迎来了历史上第一位外聘的经理人郭士纳。因为让IBM重新舞动，郭士纳成了几乎和沃森父子齐名的人物。当然，名气是次要的，重要的是，郭士纳对IBM做出了和沃森父子一样的创业贡献，更准确地说是再次创业。他带动IBM从硬件转向服务，为IBM进入新世纪奠定了长远的发展战略。同时，作为职业经理人，郭士纳非常务实，一边调整服务的战略方向，一边做实当期业绩。1992年IBM亏损50亿美元，郭士纳上任两年后，1994年其盈利达到30亿美元。只用了两年时间，郭士纳就带领IBM扭亏为盈。郭士纳的核心原则是从现实出发。

为了保证业绩，他做了两个动作：一是裁员和出售效率不足的资产，二是拥抱顾客。他要求50位高层管理人员中的每一位都必须亲自去拜访公司的关键客户，并且每个人每3个月都要拜访5家最大客户中的一家。这种顾客导向的行动力一直延伸至各级管理者，所有人都要面向顾客，创造价值。所以，这50位高层管理人员所直属的200位管理者也要如此。通过拜访客户，IBM表达了对客户的关注，倾听和了解客户，并采取恰当的行动。管理者拜访完客户后要呈交一份1~2页的报告，交给郭士纳本人或者可以直接解决客户问题的人。坚决以客户为中心成为经理人的必要条件。集成产品开发正是一个有代表性的以顾客导向催生的方案。

1998年，华为开始正式向IBM拜师学习。同时，华为也成了IBM的服务对象。IBM的顾问团队帮助华为用集成产品开发解决了顾客的问题，由此演化出华为的矩阵结构。可以说，IBM是华为组织效率的推手。反过来，华为也帮了IBM大忙，因为它成了IBM的重要客户，成为IBM最早成功服务的对象之一，这个出色的学生成为IBM管理咨询在中国乃至全球市场的样板。1998年8月10日，任正非召集管理层，宣布与IBM开始正式合作，要求管理者改掉过去面对顾问时以自我为中心的习惯，要尊重 IBM 这位老师。华为为 IBM 的 10 年服务支付了 40 亿元的学费。面对巨额学费，任正非坚决不砍价，为了保证指导品质，甚至主动提价。

20 年后的 2018 年，华为销售额突破千亿美元，达到 1075 亿美元（合 7212 亿人民币），超过了老师 IBM 当时的 796 亿美元销售额。在利润上，华为的利润为 593 亿人民币，IBM 的是 87 亿美元（合 584 亿人民币）。这一成绩也证明了 IBM 为客户创造的价值，说明了 IBM 服务的专业水准。

郭士纳卸任首席执行官之前的 2001 年，IBM 的销售额达到了 884 亿美元，盈利高达 77 亿美元。2002 年，郭士纳卸任 IBM 首席执行官（CEO 任期：1993—2002），沿着他设定的服务方向，接任者彭明盛（CEO 任期：2003—2011）和罗睿兰（CEO 任期：2012—2019）继续推动 IBM 有条不紊地前行。2003 年，IBM 收购普华永道管理咨询和技术服务业务；2004 年，IBM 将个人电脑业务出售给中国联想集团；2013 年，IBM 用 20 亿美元收购云计算公司 SoftLayer，命名为"IBM 云"，罗睿兰开启了 IBM 的云之路，帮助企业客户用"IBM 云"优化经营绩效。

自此，IBM 与时俱进，重点迈向大数据和云计算领域。2018 年，IBM 用 340 亿美元收购了有云计算核心技术的红帽公司。

2020年，IBM的云计算负责人、原红帽公司首席架构师柯世纳接替罗睿兰担任IBM新的首席执行官。柯世纳表示，IBM未来将更加专注于人工智能和云服务。伴随客户的云服务需求，今天IBM用云平台继续服务于客户的数字化转型。正如IBM的价值主张"有'智'者事竟成"，它也可以基于数字化建设为客户提供更多智能化服务，从而创造连接起数字与智能的协同价值。自郭士纳以转型做服务让IBM这头大象重新舞动的新时代开始，IBM至今仍然聚焦于服务领域，有序舞动。

事实上，郭士纳时代的IBM已经为智能化策略埋下了伏笔。1997年，"蓝色巨人"IBM开发的"深蓝"智能计算机战胜了世界象棋冠军，向世人展现了人工智能的强大。1997年5月12日，郭士纳以深蓝为主题发布了给员工的信，信中写道："我认为这场比赛的胜利并不止于深蓝赢了加里·卡斯帕罗夫这么简单。这场比赛的结果证明，像深蓝这样功能强大的电脑可以成功地解决需要极高分析速度才能解决的难题。现在，我们可以应用我们掌握的技术，为医学研究、空中交通管理、金融市场分析以及其他客户所关心的问题提供帮助。"郭士纳已经展现了基于人工智能的核心技术可以应用的广阔场景，这些都是IBM的服务空间，是可以落实"服务"这一战略举措的若干领地。

值得一提的是，沃森和郭士纳在IBM身上留下了一个共同印记：重视产品。IBM关注新业务的成长，用新业务的收入及其在公司的收入占比来衡量整体的成长表现。彭明盛时期，IBM 的软件利润已经达到了硬件利润的两倍。2015 年，IBM 的收入为 818 亿美元，看似没有多大变动，但是云计算、数据分析等业务的收入已经达到了 290 亿美元——其中，云计算业务收入 102 亿美元，增长 43%。2015 年，新的战略举措所带来的收入占到 IBM 总收入的 35%，而罗睿兰的目标是到 2018 年达到 40%。事实上，2018 年，在 IBM 796 亿美元的销售额当中，新战略举措的收入已经达到了 398 亿美元，占据一半。其中，云计算业务增长 12%，达到 192 亿美元，占公司总收入的四分之一。这头大象体重没有大变，甚至略显消瘦，但是体型更加健硕了。首席执行官罗睿兰在 2019 年卸任之前完成了自己向公司承诺的战略目标。

从大到强：进化是健康的动态成长

很多企业都在追求规模的增长，但是对于规模的认识一定不要停留在表面现象。规模变小不意味着不好，就像 IBM 的规模缩减，在一定程度上是一种健身。这正是郭士纳率领 IBM 转型的基本逻辑。郭士纳曾说："我在 IBM 任职期间，最困难的、需要全面调整的就是我们的个人电脑业务了。在将近 15 年中，IBM 几乎没有从个人电脑业务中赚到一分钱，而我们在那段时间中为个人电脑业务投入了数百亿美元。IBM PC 为我们带来了无数荣誉,但是最终没有给我们带来利润。销售额下降是好消息还是坏消息?"庞大的IBM之所以不赚钱,正是因为电脑的核心价值点掌握在微软和英特尔那里,如郭士纳所说,"如此差的个人电脑销售业绩,最重要的原因就是微软公司和英特尔公司控制了个人电脑的关键硬件和软件设备,并因此也控制了个人电脑的价格"。IBM的确拥有市场规模,但缺乏真正的竞争力,大而不强。看透了规模的本质,这才使郭士纳领导转型,调整业务结构,哪怕在一定程度上牺牲规模,也要让IBM真正具备竞争力。

于是,郭士纳提出从产品向服务转型。IBM过去不是没有服务,而是没有单独释放服务的价值,彼时的服务更多是维修产品的服务,不能成为独立的业务。而郭士纳看到的服务则是独立的业务,是客户的整体解决方案,是用技术嵌入企业业务来服务企业创造绩效,这时候服务才独立地创造价值。这样的服务和过去的服务是两个概念,可以创造高附加值,进而帮助IBM摆脱个人电脑业务没有核心优势而不赚钱的尴尬。

此外,郭士纳预测,未来会出现一种网络化的计算模式,取代1994年个人电脑主宰世界的模式,即从个人电脑时代的"独立计算"迈向后个人电脑时代的"网络化计算"。今天的"云计算"已经印证这一点。郭士纳如此判断,有其依据。1992年8月,IBM拿到了公司有史以来最大的单笔业务合同——80亿美元,是为西尔斯提供数据服务。通过该项目负责人丹尼,郭士纳见识到了"祥云"。在这幅云图当中，一边是正在使用电脑和移动设备的个人，一边是已经由互联网连接的商业、政府、学校及各类组织，祥云呈现了这两边的互动交互网络。由此，郭士纳判断，这样的云图会影响未来的计算革命和商业革命。这个判断也让郭士纳更有信心使IBM向服务转型，用云服务带来巨大机会。由此，服务成为IBM的战略新举措，其中的重中之重就是云服务。今天，这些一战略举措越来越成为IBM收入的重点。

事实上，通过战略调整提高收入在华为身上亦体现得淋漓尽致。来看看华为的收入结构。华为最早是基础通信的运营商，近年来以手机等产品为代表的消费者业务和以云计算"华为云"为代表的企业业务两项战略举措相继崛起。在华为2018年的7212亿元销售额中，消费者业务贡献了3489亿元，运营商业务为2940亿元，与此同时，企业业务也增长到了744亿元。这对师徒，不论是IBM还是华为，不是简单地关注体量，而是保持身型，让业务结构更健康，健康的结构使企业更有力量抵御风浪、抓住机会。比如，在全球贸易挑战的大背景下，华为借助企业业务储备，在中国本土新基建的数字经济市场上有新的作为。战略举措亦是战略储备，是企业"有备"的智慧。

2020年，华为的销售额为8914亿元，相比过去的高增长有所放缓，但在贸易制裁和全球疫情的双重背景之下取得3.8%的增长率已属不易，况且华为的体量如此巨大。华为轮值董事长胡厚崑用"稳健"一词来形容华为的业绩发展。华为的确是在稳中求进的，3.8%的增长率看起来不足为道，但实际上华为这头"大象"已在起舞：其企业业务销售额首次突破千亿，达到了1003亿元，增长23%；消费者业务的销售额达4829亿元，增长3.3%；运营商业务实现3026亿元的销售，增长0.2%。因为企业业务这些战略举措，推动了华为整体的增长趋势。

对照IBM和华为的身型：云计算创造的收入已经超出IBM总收入的三分之一（2020年IBM云计算销售额为263亿美元，占据全年销售额736亿美元的35.7%）；即便是包含云计算的企业业务目前也刚刚占到华为总收入的约九分之一，这意味着企业业务在华为体内可能还拥有更广阔的成长空间。此外，云计算或企业业务的战略性还不止于创造收入，还包括创造利润甚至更广阔、长久的合作机会以及技术本身的强化。不过，战略举措并不特指某一个业务，它需要不断更新。华为以运营商业务为起点和支点，撬动一个又一个新的战略举措，为增长蓄力，这正是一个组织健康的动态成长之路。

同样有着清晰的战略路径的3M公司是公认的创新典范，它从产品的角度确立了"新产品活力指数"（New Product Vitality Index，NPVI）这一概念。不过，如果不认真地捋一捋，可能就只看到表象。一方面，3M和IBM这样的企业科技能力都非常强，会让人误认为它们是技术主导型的企业；另一方面，这些百年企业成长的时间跨度长,业务范围也比较广,有时候会让人觉得摸不着头绪——它们究竟是做什么的。误以为它们的业务不够聚焦,实则不然。

3M：顾客需求指引进化方向

疫情侵扰全球时,对于口罩的需求让 3M 走进了更多人的视野和生活。对于这家企业,很少有人提及其全称:明尼苏达矿业制造公司（Minnesota Mining and Manufacturing）。事实上,3M 早已不是一家矿产公司,因为始终走在前沿,3M 几乎成了"创新"的代名词。从 2012 年至 2021 年,德温特"全球百强创新机构"榜单已经连续发布 10 次,3M 公司连续 10 次入榜,其创新的活力和连续性不亚于年轻的科技创新公司。比如,在美国"1990 后"和"2000 后"创立的年轻科技公司当中,谷歌 9 次入榜,亚马逊 6 次入榜,脸书 3 次入榜。当然,中国企业也表现出较高的创新活力,华为 6 次入榜,小米 3 次入榜,腾讯 2 次入榜。而 3M 已过百岁,却依旧充满活力。

1902 年,3M 公司在明尼苏达成立。1910 年代,3M 开始做砂纸;1920 年代,3M 开始做胶带,并且是世界上第一款遮蔽胶带的发明者,这个时期的创新也为 3M 培育起了在粘合技术领域的核心能力。随后,3M 产品走向人们的日常生活,并逐渐渗透到方方面面，如医疗、办公、家居。3M几乎无处不在，并且持续不断地开发着各种各样的新产品。也许一个人不知道3M公司，甚至不知道某产品是3M公司的产品，但很多时候其都在直接或间接地与3M打交道，如同3M在公司官方网站（www.3m.com.cn）的自我介绍："作为一家世界知名的多元化科技创新企业，3M的产品和技术早已深深地融入人们的生活。100多年以来，3M开发了6万多种产品，从家庭用品到医疗产品，从运输、建筑到商业、教育和电子、通信等各个领域。""科技改善生活"是3M对社会的许诺，其愿景是"以科技举百业，以产品兴万家，以创新利个人"，从中可以洞察其创造多元业务、万家幸福以及个人价值所依靠的正是科技创新，这也是支撑其取得愿景成果的核心能力。这一宏大的许诺和愿也是一步步演化而来，从百年前的矿业到今天的"百业"，其技术创新遵循着清晰的战略逻辑。

技术路线支撑战略路径

创新的逻辑基础其实是战略思维。如果把3M复杂的业务简述为产品，就更容易令人明白。3M从矿砂做起，之后做砂纸，再做胶带，而这个时候还是工业应用，在掌握了核心技术之后，它开始走向生活应用领域。支撑这一发展路径的是3M的技术路线图，更是其战略地图。创新其实是在战略逻辑的基础上跳舞。

首先，3M有材料，至今3M都会说自己是生产研磨材料起家的。矿砂是原始材料，但是 3M 洞察工业中的砂纸需求，以此为导向，开发研磨技术，这就有了 3M 最早的产品部门：研磨产品部。1914 年，3M 研发出第一张砂纸，这就有了砂纸业务。3M 官方网站也明确说明，"砂纸"是 3M 第一款商业产品。从"矿砂"到"砂纸"的业务演进中，"砂"是协同的材料，研磨技术是促成业务拓展的核心能力。

继砂纸之后，3M 在工业领域创造的另一种有重大社会意义的产品就是胶带，其中第一款胶带是 1925 年 3M 为汽车制造行业量身打造的遮蔽胶带，今天 3M 的电工胶带已经是其影响世界的重要产品。3M 公司在梳理自己的胶带发展史时称："如果您是电工或承包商，没有该胶带的生活听起来像是一场噩梦，然而这却是那些生活在短短 100 年前的人们所面对的现实，电工胶带当时还不存在。事实上，我们熟知和喜爱的乙烯基电工胶带在 70 多年前才由 3M 公司的发明家斯内尔（Snell）、奥切（Oace）和伊斯特沃尔德（Eastwold）创造，并且帮助电工摆脱以前由硫化橡胶粘合剂和焦油涂层棉布制成的易破、易腐蚀和易腐烂的胶带。"延续 20 世纪 40 年代第二次世界大战的工业需要，3M 于 1946 年发明电工胶带，这种胶带又可以追溯到 1925 年的起点：遮蔽胶带。为了解决汽车行业的问题，3M 需要生产可以保护车漆不受伤害的贴纸，这时候 3M 进一步开发粘合技术，从而有了新的胶带产品。这让 3M 又拥有了一项新的重大核心技术：粘合技术。不论是研磨技术还是粘合技术，它们都是3M"百业"背后的核心能力基础。

3M在工业领域站稳脚跟之后，又迈向消费者生活领域，这成为3M的增长方向，为其提供了更大的生存空间。而这当中，牵线搭桥的正是粘合技术。这也意味着，3M的焦点依然明确，业务发展聚焦于核心能力。这时候，胶带除了工业胶带之外，又有了生活胶带，由此，3M以上世纪三十年代的密封胶带为起点，走进了大众的生活。而不论是生活胶带还是工业胶带，胶带及其技术都是3M战略的核心。比如，今天我们生活和工作中常用的便利贴、无痕胶，都可以追溯到遮蔽胶带时期的粘合技术。

这就是3M的战略路径：技术始终服务于战略的实现。技术路线的背后实际上是一个企业清晰的战略地图。先进的技术可以帮助企业开拓战略眼界；同时，技术需要嵌入正确的战略路径。如果再往深一层探寻，不论是战略还是技术，真正的领路人实际上是顾客。

顾客是创新的领路人

在创新的道路上必须要注意，灵魂人物不是老板也不是技术人员，而是顾客。对于创新来说，顾客是向导，市场是方向。顾客是向导意味着，顾客的问题或者难题会成为创新的机会和突破口；市场是方向意味着，所有的创新最后必须要进入市场，市场才能验证创新的有效性。

不妨再来分析 3M 发展史上的创新里程碑：胶带。上世纪二十年代是美国汽车工业非常繁荣的时期，福特的黑色 T 型车推动了汽车时代的到来，人们也不再局限于单一颜色，通用汽车更是以多样化著称。3M 意识到汽车的普及以及消费者的多元需求，包括对于颜色的需求。不过，这也成了汽车制造商面临的难题。汽车制造商在给汽车上色的时候不同颜色的漆不容易分隔，于是 3M 采用贴纸保护另外一面漆，同时这种贴纸要易贴易取不伤漆面，粘度要恰到好处才可以。3M 发现了顾客的诉求，也攻克了技术难题，世界上第一款遮蔽胶带就此诞生。这款粘度适中的专用胶带使得汽车制造商不再使用伤害漆面的医用手术胶带，让 3M 有了汽车制造商顾客。

与此同时，在 20 世纪 20 年代末和 30 年代初一个非常特别的时期——美国经济大萧条时期，3M 正式借助胶带粘合技术进入人们的生活：人们用胶带密封食品，度过拮据的时光。在创新之路上，顾客是向导。

新产品活力指数检验创新成果

市场是检验创新有效性的战场，创新产品能不能在市场上占据一席之地非常重要。3M 创造了一个概念"新产品活力指数"，体现在当年的销售额中，就是近五年的新产品贡献了多大的比重。

3M会给出具体的标准，如果达不到，就说明创新不够有效。在创新上，3M并非没有约束，新产品的活力指数就是规则。1980年、2005年、2008年、2012年3M的新产品活力指数分别是：20%、21%、25%、33%，可以看出，3M的新产品保持着较高的活力，不到五年的年轻产品能持续带来两成以上的收入。在2005年之前，3M新产品活力指数变动并不大，但是之后显著提升，这从某种程度上反映出世界变化得更快了，对新产品的需求不断增加，3M的新产品在市场上越加有作为。

从本质上讲，新产品活力指数是3M创新的要求，更是创新的目标，且是将研发与市场结合的目标。研发的成效不只是看产品本身，还要看产品的市场表现，这也是驱动研发或产品设计人员有效创新的做法。但是，作为目标，在制定时就要遵循基本规律：要有难度，否则就没有意义和激励作用；不过，难度又不能过高，要基于现实，尤其是对于新产品，要给予其时间来成长，切勿拔苗助长。2010年以后，3M一度将新产品活力指数制定得很高，并且年年递增，比如，2011年为33%，2012年为35%，2013年为37%，2014年为39%，2015年为40%。实际上3M在2012年才做到33%。所以，现在3M通常把新产品活力指数定在平均约35%的水平。当然，具体也要看时期、区域或业务特征，比如在今天市场高速增长的中国区，其活力指数表现就会高于平均指标，可以达到35%以上。所以，企业制定新产品活力指数，如同制定目标本身,要结合自身实际和市场的机会理性地制定。20 世纪 80 年代,3M 新产品活力指数保持在约 20%,在市场和 3M 都更加成熟的今天,新品销量占总销量约三成,已是个较高的水准。

当然,新成立不足 5 年的企业另当别论,这时候产品还都是新产品,代表着全部的收入,这时候如果要考察,可以把 5 年的考察时间缩短,就像 3M 主要是看 5 年以内的新产品表现,也会看当年的新产品的收入比重。5 年是新产品的孕育和成长期,这也意味着,过了 5 年,原来的产品就不叫新产品了。所以,新产品活力指数对于已经有更长经营时间(超过 5 年)的企业有更直接的提示:经营时间越长,企业越"老",越要注意新产品活力指数。这可以帮助企业重塑活力。

所以,要注意思考"新产品活力指数"中"活力"这个词的意思。考察新产品在市场当中的表现,以此激发产品的活力,意义在于,只有源源不断地打造新产品注入市场,企业才能生生不息。相反,没有生机的企业一定是缺乏新鲜血液注入的,缺乏拥有市场活力的新产品。3M 的这个规则在驱动自己去做有效的创新,这正是 3M 年过百岁依然保持活力的原因;相比之下,一些年轻的企业反而缺乏活力。企业有没有活力和企业年龄并无直接关系,只和自己能否持续创新有关。

再综合起来看 3M 和 IBM 的案例。3M 从研发创新有效性的角度来关注新产品活力指数，IBM 考虑业务转型的有效性，关注战略举措创造的收入，两者的本质是相同的，都是落实到市场表现，并赋予企业活力。这两家百年企业的产品或业务进化之路一点都不乱，都很有章法，这就是战略。回顾分别在马戏行业中落伍的玲玲马戏团以及在通信行业中落伍的 GTE，可以得出结论：企业的战略既不能像玲玲马戏团那样在战略路径上僵化和过度守旧，也不能像 GTE 那样只进行表面的多元变化。

创新需要战略基础，每当谈及创新的时候，第一反应可能不应该是技术，而是战略。不论是对于企业还是个人，甚至是对于国家，创新首先是一件具有战略性的大事，创新必须有正确的战略逻辑做基础。3M 作为一个多元化集团，从表面上看各项业务"杂乱无章"，但它的每一次创新之间都有非常强的关联性和协同性：从矿砂到砂纸再到胶带，这个过程让 3M 从一家材料公司逐渐变成技术公司，再从工业技术拓展至生活应用。整个创新和演变的过程看似无序，其实是在有条不紊地进行，当中的战略规律不能违背：企业可以返老还童恢复活力，可以逆生长，但是不可违逆生长规律。3M 始终遵循产品对市场的价值贡献，这就是生长的规律。

金佰利vs宝洁：唯有持续进化

2020 年突如其来的全球疫情不仅让口罩引起关注，纸业也引起了一定关注。根据自然资源保护协会（Natural Resources Defense Council，NRDC）和环境保护组织 Stand.earth 的统计，美国是目前全球人均卫生纸使用量最高的国家，每年人均用量为 141 卷，其次是德国（134 卷）、英国（127 卷）、日本（91 卷）、澳大利亚（88 卷）。美国人均 2.6 天用完一卷卫生纸，美国以全球 4% 的人口消费了全球 20% 的纸巾。这从某种程度上说明美国发生卫生纸抢购现象的原因。2020 年第一季度，北美纸巾价格上涨 3%，销量依然增长 12%，卫生纸领军企业金佰利的利润增长了 45%。2020 年上半年，金佰利实现利润 30.31 亿美元，增长 222.79%；营收 96.21 亿美元，增长 4.27%。同年，宝洁在第一季度逆势增长，利润达 52.8 亿美元，增长 23%；营收 193.2 亿美元，增长 8.5%，创下了自 2012 年以来的增速新纪录。

纸业算是一个既传统又现代的行业。这个行业历史悠久，造纸术是中国古代的四大发明之一；今天，这个行业依然拥有巨大的商业价值，现代纸业的发展是一部印记和承载着人类生存需求、价值创造的商业史。

从顾客的角度看，纸业贡献了两项最为重大的价值。一是工业价值，这是现代纸业崛起的重要支撑，书报业是其中的重要代表，现代纸业是伴随着书报业发展起来的。另一种是生活价值，纸巾业是其中的重要代表，现代纸业褪去载体的功能，融入人们的生活。如果进一步挖掘这两种价值的价值本质就会发现：工业用纸实际上是一种载体，其中的代表书报承载的是文化，因此，本质上是满足人的精神文化需求，是在贡献文化价值；生活用纸已经是人类的贴身所用，替代了原本不够健康的贴身用品，本质上是满足人的健康需求，是在贡献健康价值。

产业的发展不是从天而降的，都是经过一番努力才实现的。产业的发展往往离不开英雄企业的开拓，而这些英雄企业要想真正活下来并且得到发展，必须进化，真正贡献顾客价值。在取得巨大商业成就的百年现代纸业当中，有两家企业的身影常驻，一个是金佰利，一个是宝洁，两家企业最初各行其道，但是最终在面向消费者时碰面了，至今仍双雄对垒。

金佰利：旗开得胜

相比宝洁，金佰利更早进入纸业。在一个多世纪之前，金佰利伴随着现代报业成长起来，也就是从工业用纸起家。随后，为了满足第一次世界大战的医用护理需求，金佰利研发了纤维棉。战后，金佰利以这种原材料生产出了卫生巾，这就是今天历史悠久的女性卫生巾品牌高洁丝的缘起，至今已近百年。

金佰利成立于1872年。1870年至1899年，美国年期刊发行量从1100万份增长至4300万份，涨幅近3倍，日报的发行量增幅为4倍。金佰利正是迎合这一工业用纸的高速增长需求而创立，专注于生产新闻纸。1913年10月9日，美国国会通过了《安德伍德关税法案》（Underwood Tariff Act），亦称《安德伍德-西蒙斯关税法》（Underwood Simmons Tariff Act），该法案取消了加拿大新闻纸的关税。以《纽约时报》为代表的新闻出版业是该法案背后的驱动者之一，相较于美国同行，加拿大的造纸厂以充足的木材和更低的劳动力成本拥有每吨8~10美元的成本优势。取消关税，意在从加拿大的造纸厂获得更廉价的纸张。受到这一政策影响的美国新闻纸业企业也开始谋求转型。

1914年，金佰利建立实验室研发纤维棉，供应战场上所需的医用绷带，金佰利成为战时军队和红十字会的供应商，而纤维棉正是其后来生产生活用纸的原材料。1918年11月，德国签署停战协议，"一战"结束，医用绷带的需求迅疾下降，军队订购的375吨纤维棉合同终止，军队将自己的剩余库存转卖给市场投机商，红十字会则将库存免费发送给医院。此时，金佰利在纤维棉生产上遇到了严重的产能空置。1919年2月，金佰利副总裁詹姆斯·金佰利和研发纤维棉的化学家马勒一起拜访西尔斯的业务代表鲁埃克，与其商讨纤维棉可能的市场销路，而金佰利正是西尔斯邮购目录手册的纸张供应商。显然，作为最贴近消费者的零售商，西尔斯更了解消费者市场。西尔斯的鲁埃克敏锐地洞察到纤维棉的潜能，由此就有了金佰利纤维棉的新出路：卫生巾。

1920年，金佰利推出高洁丝牌卫生巾。事实上，战争期间护士曾像日后使用卫生巾那样利用医用绷带。而高洁丝的平面广告对此也小心翼翼地做了含蓄的表达——"护士从法国的来信，提到了这种神奇吸水材料的新用途"，对"卫生巾"只字未提。广告图是护士以及身边的一盒高洁丝，高洁丝的标识上方印有红十字。当然，广告还标示了价格：一片5美分，一打60美分。1924年，为了帮助女性用更健康的方式而不是用一般的棉质毛巾卸妆，金佰利基于纤维棉材料，推出舒洁牌面巾纸。舒洁自此成为面巾纸的代名词，其英文"Kleenex"成为英语里表达面巾纸的单词。舒洁牌面巾纸起初主要用作消除冷霜和化妆品，而消费者觉得一次性使用的面巾纸可以阻断感冒的传播，自1930年开始，它被当作一次性手帕使用。1930年，金佰利做了市场调研，61%的消费者把舒洁面巾纸当作手帕，只有39%的消费者用它卸妆。由此，金佰利为舒洁重新定位，从"舒洁卸妆纸巾"进化到"舒洁一次性手帕"。舒洁的产品有了更广泛的用途和市场。

高洁丝和舒洁两大品牌让金佰利在生活用纸上获得成功。与此同时，以1923年创立的《时代》为代表的，大众杂志市场更加繁荣，金佰利的工业用纸在二十年代也迎来了大好环境。美国的杂志发行量在10年之间增长了56%以上，1929年达到2.2亿份。从1920年开始，金佰利的工业用纸业务还拓展到加拿大，与加拿大建立的大面积林地合作保证了金佰利纸张的材料供应和成本优势。金佰利于20世纪20年代后期成为美国利润率最高的造纸企业，1929时该数字年达到19.3%，远超位居第二的斯科特纸业的11.5%。由此，从20世纪20年代开始，金佰利成了横跨工业用纸与生活用纸两个领域的巨头。

有意思的是，这时候在消费者生活用纸领域，金佰利本该和宝洁相遇，但是宝洁因为对消费者的观察迟迟没有进入该领域。宝洁认为顾客的思想还相对保守，女性可能不太好意思直接去超市买卫生巾这样的私人用品，彼时还不是大规模进入的好时候。事实上，强生公司曾在市场上销售过卫生巾，1896年强生推出李斯特棉巾，但因为顾客的保守观念没有销路，最后不得不退出市场。这的确是当时不可回避的问题，但是金佰利想办法解决了这个问题。它采用自动售货机，顾客可以不与售货员沟通而自行购买卫生巾，从而保护了隐私。在自动售货机上，金佰利出资获得了工程师韦斯的发明专利授权，为每台机器付出75美分的专利费。金佰利没有走传统销售路线，高洁丝的自动售货机更多地出现在洗手间、餐厅、酒店、写字楼里。高洁丝在市场上大获成功，上世纪二十年代中后期占据了70%的卫生巾市场份额。在生活用纸领域，金佰利捷足先登。

宝洁：有备而来

金佰利抓住了第一次世界大战的机遇，成功进入女性生活用纸领域，而错失良机的宝洁则抓住了第二次世界大战的机遇，把目光放在保护婴儿上。战后"婴儿潮"显现了巨大的儿童需求市场，这就是机遇。

第二次世界大战结束后，大量军人从战场返回，回归日常生活。1946年，美国有340万婴儿出生，从1946年至1964年，18年间美国有7590万婴儿出生。如果说战争带动了一部分生活需求和大量的军用工业需求属于"战时经济"的话，那么战后人们生活水平的提升、人口变化等因素则催生了有巨大生活消费需求的"战后经济"，原理上类似今天的"抗疫物资需求"和"后疫情经济"。这些战后的新形势给许多地区和行业都带来了发展机会，例如，在汽车行业，顾客需要更大的家庭旅行车和更年轻的车款来顺应新的生活方式。1953年，沃尔沃推出了杜埃特旅行车来满足人们的出游需要；1962年，福特推出野马跑车来迎合更具活力、主张自由、个性张扬的"婴儿潮"年轻一代。

在"婴儿潮"需求爆发的大趋势之下，宝洁顺势而为，将焦点对准儿童生活用纸。作为一个纸业新人，宝洁步伐稳健，沿着满足婴儿市场需要的战略路径，集中火力，对准焦点，联合专业公司吸纳和积累行业技术，进而赢得竞争优势。从20世纪中期开始，曾经的纸业外行宝洁开始酝酿这个战略意图并展开行动：先收购纸业公司，六十年代推出纸尿布。这就是今天纸尿布品牌帮宝适的缘起。在这场纸业大战中，宝洁虽然起步稍晚，却是有备而来，火力十足。

宝洁于1837年创立，主营肥皂和蜡烛，随后一直聚焦在生活日化领域。1957年，宝洁收购魅力纸业公司，进入生活用纸领域。魅力纸业公司创立于1928年，原名霍贝格纸业公司，是一家专业的卫生纸公司，同时拥有魅力（Charmin）和帮庭（Boundy）两个卫生纸品牌，这两个品牌至今仍是宝洁旗下的卫生纸品牌。宝洁收购魅力纸业之后，立即启动研发，进一步提升魅力纸业的产品品质，随着1960年宝洁主打超柔品质的面巾纸出现，从1960年到1963年，舒洁的市场份额从47.3%下降至36.2%。然而，此时宝洁还未真正出击——联合魅力纸业打造主战场和发力点：纸尿布。

宝洁收购的魅力纸业虽然相对年轻，但实力不容小觑。

到了这个时候，金佰利和宝洁两家公司才真正正面交锋。相比什么纸都做的金佰利，宝洁变得更加专业。在这个阶段，金佰利在生活用纸上没能有所作为。不仅仅是金佰利，连当时生活用纸的领先者斯科特纸业公司面对宝洁的聚力进攻也败下阵来。金佰利官方网站（www.kimberly-clark.com.cn）记录了当年宝洁进入纸业带来的行业影响："20世纪60年代后期，当宝洁进军造纸业的时候，当时的领头企业斯科特纸业毫无反抗，缴械投降，甘居第二"，而金佰利"发展到20世纪五六十年代，由于墨守成规，业绩并不理想"。事实上，斯科特纸业公司自19世纪90年代就开始生产卫生纸，金佰利的卫生巾也可以追溯到1920年，可是，这两家老牌企业在宝洁这个纸业新秀面前全部败下阵来。进入20世纪90年代，斯科特纸业陷入经营困境，1993年亏损2.77亿美元，1995年被金佰利以94亿美元收购，斯科特（Scott）成为金佰利旗下卫生纸品牌，中文品牌名为"适高"（Scott）。

在新兴的纸业市场上，相比斯科特纸业的坐以待毙，金佰利则是正面迎战。1966年，金佰利推出金贝贝纸尿布，并且推出了差异化的产品：用胶带取代别针，同时在纸尿布的折叠方式上做了与帮宝适不同的设计。可惜金佰利的折叠设计缺陷导致频繁的渗漏，这让更多消费者选择了帮宝适。与此同时，金佰利的胶带卖点也促进了宝洁的产品改进。1969年，宝洁的纸尿布完成了从采用固定别针到使用胶带的进化，此时，宝洁在纸尿布市场上已经占据了90%的份额。金佰利不仅没能在纸尿布市场有所表现，整体也尽显颓势。1956年至1969年，金佰利的年平均利润率为6.6%，并且是从1956年的8.5%跌到1969年的6%，到1971年更是一路下跌到3%。金佰利已辉煌不在。

史密斯：再造金佰利

在20世纪60年代，纸业巨头金佰利被一个外行宝洁打败，不仅如此，此时的金佰利在起家的工业用纸上也是表现平平。

这时候，达尔文·史密斯出现了。

20世纪70年代，这位与进化论奠基者达尔文姓氏相同的首席执行官，带领金佰利开启长达21年的进化之路，重塑竞争优势，他因此成为金佰利百年发展历程中的灵魂人物。《商业周刊》这样描述史密斯："当在1971年成为首席执行官的时候，他接手的是一家在萎缩市场上挣扎的造纸公司。到八十年代中期，他已经将金佰利转变为一家知名消费品公司，拥有众多市场领先的品牌，例如好奇一次性纸尿布、舒洁纸巾和高洁丝卫生巾。"事实上，这个案例不仅仅可以写进金佰利和现代纸业的发展史，因史密斯干净利落、卓有成效的举措，它也足以载入管理举措和伟大首席执行官的行为史册。

史密斯的核心举措是，让金佰利从一家纸业公司转变为一家生活纸业公司。这一下子集成了两个最强的战略动作：聚焦和转型。并且，更厉害的地方在于，表面看是转型，实际上是聚焦；它的反面正是很多企业转型之后无法成功的原因——只做了转型，没有做聚焦。金佰利起家的工业用纸尽管有着辉煌的历史，但已经是过去式了，史密斯出售了这一部分资产，把得到的钱集中投放在生活纸业上。很多企业只是表面转型，但是资源没有跟上，尤其是没有集中，转型只是一个华丽的动作，不会有结果。

史密斯的转型策略有一个非常关键的细节：变化，但没有推翻。做不到这一点，正是一些企业转型失败的原因。新任总是喜欢推翻前任，不认同前任，常常重建一套来彰显功劳或证明自己的强大。一些公司在选择首席执行官的时候会从内部选拔考虑的正是这一点。人选最好来自内部还是外部，并不绝对，关键是继任者要有对前任的理解和在此基础上的价值创造。由此，一代一代延续下来，就有了基业长青的连续性。所以，连续性在企业持续经营中至关重要，而积累到了一定程度，量变就会引起质变，史密斯就是这个既尊重量变又引领公司质变的角色。

领导力专家科特把领导和管理做了狭义上的区分，领导是要引领方向，管理则主要发生在组织内部。当然，这些活动实际上都属于管理，他说的领导更像是战略管理。领导有两类基本的风格：一是交易型领导，这也是基本的管理动作，在组织内部用奖惩（交易）来激励员工；二是变革型领导，也就是要引领组织发展的方向，其管理动作既表达组织的方向，也为员工点燃希望，既是战略，也是激励。两种领导方式在实践中都不可或缺，但后者变得越来越重要。随着企业面对的环境越加多变，上世纪六七十年代本尼斯开始倡导组织发展（可以看到，史密斯的实践正是在这一时期），组织要随环境做出变革。对于变革当中的关键，德鲁克在上世纪九十年代曾告诫领导者：推动组织变革需要保持连续性，不要让变革和连续性形成矛盾。由此，保持连续性是领导者在变革时要关心的一个主要问题。在变革管理的实践中，史密斯的作为无疑是经典案例。

史密斯在进军生活用纸领域时，没有擅自开辟全新的战场，反而是在前任首席执行官跌倒的地方开始，在败给宝洁帮宝适的纸尿布市场上卷土重来，用充足的火力来深耕，培育了七十年代的纸尿布新秀，即今天的纸尿布品牌"好奇"。自此以后，金佰利重塑活力，和宝洁成为生活用纸领域的双雄。

1958年，32岁的史密斯进入金佰利；1971年，45岁的史密斯上任金佰利CEO。从1971年到1992年，CEO史密斯领导了金佰利21年，完成了一个有竞争力的金佰利的进化。上任后史密斯做了两件重要的事。

第一件重要事情是出售旗下的铜板纸厂，金佰利用5年时间撤出了工业用纸市场。事实上，剥离资产是一项非常不讨喜的事情，但是史密斯必须这么做。金佰利的这部分待售资产雇佣了2920位员工，但多数工厂建造于10年前，都已经变得老旧和颓唐，而此时利润微薄的金佰利对这些工厂进行升级改造已不现实——况且公司的主攻方向已经明确是生活纸业。史密斯1971年10月担任CEO，次年完成了出售公司两家老厂的交易，交易额合计2600万美元。1972年，公司利润提高600万美元，利润率增长66%，止住了公司利润持续走低的趋势；同时，公司宣布未来两年将会有超过5000万美元的现金流入。

需要说明的是，转型未必一定要关闭现有业务，要看现有业务的竞争力和企业自身的实力。不论是工业用纸还是生活用纸，金佰利当时所有的业务都表现不好，企业整体不具备实力，在这种状态之下，就必须做出取舍。既然决定迈向生活用纸领域，决定要靠这个业务让企业重新崛起，那么就必须放弃另外一个经营不善的业务，才能集中精力。由此，史密斯出售了其工业用纸业务的不良资产。西尔斯的伍德将军在20世纪20年代开启实体零售店业务时，广受欢迎的西尔斯本身就是有底气转型的。其邮购业务的生命力依然，伍德将军所做的是平衡既有的邮购业务和新的零售店业务。不仅如此，伍德将军在领导企业转型的同时还保护着既有业务。在创建零售店时，伍德将军的策略是将店开在10万人以上的城市，避免和邮购业务直接竞争。伍德将军根据顾客生活方式的变化调整西尔斯的业务，动作幅度并不大，也没有伤害前任苦心经营的邮购业务。20世纪90年代的郭士纳也体现了类似的逻辑，在保证当期业绩的情况下推进IBM向服务转型，先让当期业务扭亏为盈，为发展造血。

不论是金佰利、西尔斯，还是IBM，都在确保新业务的发展有足够的火力。只不过金佰利转型时已经处于企业低谷期，并且瞄准了生活用纸的方向，所以不得不卖掉另外一项资产，用换来的钱主攻令企业复活的方向。当然，资产状况究竟如何也是相对而言的，不然不会有人接手，就像IBM在20世纪90年代决定向服务转型，进而在21世纪初卖掉IBM PC，这个业务在当时只是不再符合IBM的战略重心，但对买家来说也许正其当时，符合所处阶段的战略目标。

总体来说，西尔斯和 IBM 的转型都是从 A 到 AB 再到 B：西尔斯从邮购（A）到邮购与实体店并行（AB），再到主打实体店（B）；IBM 是从产品（A）到产品与服务并行（AB），再到服务为主（B）。而金佰利的转型则是从 AB 到 B，即从工业用纸与生活用纸（AB）到生活用纸（B），其转型本身就是聚焦，这是金佰利转型的特色，也是史密斯的伟大之处。当然，如果与金佰利百年前工业用纸的起点连贯起来，其也是从 A 到 AB 再到 B，也体现了进化的连续性。不过，从 A 到 B，不论再怎么转、变，还是有统一的核心：西尔斯的核心是零售，IBM 的核心是计算，金佰利的核心是纸。

第一件事让金佰利重新有了能量。在率领金佰利进化的道路上，史密斯做的第二件重要事情是推出好奇牌纸尿布。金佰利总结了第一个纸尿布品牌金贝贝失利的原因，回归顾客价值，进一步洞察了宝妈们的需求。

1975 年，金佰利对妈妈们进行了调研，发现了她们最关心的 3 个点。第一，让宝宝臀部保持干燥，这和宝洁在六十年代为帮宝适所做的调研结论一致，所以，保持干燥是首要价值点。第二，要大大减少甚至完全消除渗透，这是纸尿布行业的痛点，如果可以解决这一点，妈妈们愿意接受溢价。第三，妈妈们抱怨胶带不如七十年代初期的好，因为不能重复粘贴，她们喜欢可以重复粘贴的胶带。找准了这 3 个关键价值点后，金佰利动用了超过金贝贝 4 倍的研发预算，于 1975 年和 1976 年展开了更深度的研发。除了研发产品本身之外，金佰利还用心做营销设计，借助了"Hug"（拥抱）这个词来表达暖意，这就是好奇（Huggies）品牌名的由来。而在市场进入的策略上，这一次金佰利选择不直接和宝洁硬碰，上一次的金贝贝选择了在帮宝适已经牢牢占据市场的丹佛市亮相，这次则避开宝洁的强势区域，先找到可以生存的区域，再逐步铺开，一点点凿开生长空间。

这一次，金佰利全力以赴地满足顾客需求，从产品设计到营销思路都有了更充分而成熟的准备。1977 年，金佰利的好奇牌纸尿布在威斯康星州和密歇根州北部地区首推，用了 6 个月的时间，金佰利在多个州的市场都打败了强生公司，并且逐渐在西海岸和中西部地区形成好奇的核心销售区域。6 年之后，1983 年，好奇实现了在全美国范围销售，此时，好奇的市场份额增长到了 21%，帮宝适的为 40%。1985 年好奇的市场份额达到 30.6%，帮宝适占 30%。而在这个双雄格局形成的过程当中，曾经大举进入纸尿布市场的强生公司撤离了市场。沿着尊重顾客价值的正轨聚焦发力，好奇的竞争力延续至今。

再回顾一下史密斯 1971 年任 CEO 后所做的两件重要事情：1971 年至 1976 年，历时 5 年，金佰利完成了工业用纸的撤离；

不算前期的准备，1977年至1985年，历时8年，金佰利在自己曾经跌倒的纸尿布市场上重新站立起来。

不过，在整个纸业的进化过程中，宝洁的竞争力一直都在。但是，宝洁是不是不够聚焦呢？例如，宝洁除了在生活用纸上对垒金佰利，还要在生活日化上对阵联合利华。事实上，恰恰相反，宝洁的厉害之处正是聚焦。仔细分析宝洁的业务就会发现，"生活"这个关键词一直都在，不论是生活日化还是生活用纸，宝洁从肥皂起家将近两百年的历史都在沉淀创造生活用品顾客价值的能力。1837年，有"连襟"关系的波克特（Procter）和甘保（Gamble）在岳父的撮合下联合创立宝洁（P&J），主营肥皂和蜡烛；1890年，宝洁建立第一个实验室辛辛那提象牙溪谷研究中心，致力于研究肥皂改进工艺；1946年，宝洁推出汰渍洗衣粉；1955年，宝洁推出佳洁士牙膏；1961年，帮宝适纸尿布问世。这些连续的稳步创造皆成就了影响至今的生活用品和日化品牌。所以，在纸业，金佰利是老兵，但是在生活用品领域，相比宝洁，金佰利还是个新兵，而这又是金佰利进入生活用品这个大的领域后一定要聚焦的原因，否则就没有办法和宝洁这样的大鱼共生。

回到史密斯领导的金佰利的进化之路。表面上看，史密斯之前的金佰利和史密斯之后的金佰利都生产和销售生活用纸，但是公司的属性变了：之前的生活用纸只是一个相对零散的业务；史密斯之后，生活用纸则成为了金佰利的焦点。有了这个焦点之后，史密斯秉承连续性这一宝贵的经营策略，率领公司持续深耕，塑造了一个新的纸业巨头，并且这个巨头不是以自我设计的感觉为中心，而是以顾客为导向，用生活价值来赋予产业价值。

"金佰利 vs 宝洁"不禁让人联想起"格兰仕 vs 美的"。在美的集团大举进入微波炉行业之后，格兰仕变成了和美的一样的多元家电产品的巨头，却削弱了自己原本的竞争力。在宝洁大举进入生活用纸领域之后，倘若金佰利也像宝洁一样做日化产品，稀释掉本来就极为有限的宝贵资源，结果又会如何呢？

当然，也许还有人说，格兰仕当时面对的行业环境不一样。2000年，格兰仕已经占据了国内六成的市场份额，企业和行业发展看似都已经触碰天花板。那么，如果行业到了天花板，美的为什么还要进来呢？很多人都忽略了两个细节：所谓高市场份额，这个市场其实是城市市场，并非全国市场；即便是在城市市场中，所谓份额也只是指现有产品，尤其是已经杀到"价格屠夫"阶段后的中低端产品。所以，美的以高端微波炉切入，反而扩大了微波炉市场。这的确很像当年宝洁用纸尿布打开纸业市场。不同的是，金佰利还在纸业中存续和发展，并且聚焦于生活用纸来守住大本营，而格兰仕稀释了资源，变得更多元，却丢失了微波炉大本营。

实际上，当年格兰仕有自己的判断，要拿下农村市场是很艰难的，难在需要更长时间的培育。所以，究其内因，是没能坚持住长期主义，甚至在战略上都没有做长期选择。而战略本身就是一个长远的话题，需要不乱、坚定。事实上，在任何一个广阔市场的耕耘都是需要长期付出的。就像是卫生纸的发展历史，人们一开始可能只是用废纸，甚至连纸都不用，但一百年后，卫生纸成了所有人的必需品。这百年历史正是金佰利、宝洁持续深耕的历史。今天格兰仕说不再追求五百强而是五百年，这显现了这家企业的成熟与初心。

决心：坚定不移地进化

或许有人会说，史密斯的这些动作好像也没有什么特别的，一般的经理人都可以做。可是，首先要明确一点，这也许是因为我们现在知道了这段历史，在此之前或许当时的人没有这样的认知，而不深入剖析和梳理，更不见得懂得其中的逻辑和实践的细节。即便形式上能做到，也可能因为一些细节的不到位而失败。更重要的一点在于，很多人都知道怎样成功，但是只有成功的人去做了，原因在哪里呢？没去做或者做了却没有成功的人缺了什么呢？决心，可用钢铁般的意志来形容的决心。

可以非常明确地说，转型、聚焦和连续性是一个首席执行官必须要面对的，尤其是需要用转型拉开序幕，因为一个企业要坚持不断创造顾客价值，就要让自己不断变化，进化成可以持续创造顾客价值的企业，这样，才能活下来，才有竞争力。但是，如果没有决心做基础，就没有办法做，做了也会浅尝辄止。

要转型，首先要问自己：敢不敢放下影响未来的过去？哪怕是核心业务，哪怕是过去成功的法宝。如果这些都已经成为过去，那么，面向未来，需要放下。这样，我们才能立足当下，用最有效的方式开启未来。新希望集团的董事长刘永好在建设年轻化的干部队伍时忍痛"放下"了创业元老，但他妥善地安置了他们，包括一定的支出，或者适当地返聘让他们发挥其余热。不过，无论如何，他还是下定决心"放下"老化的干部，自己也退位了，这背后是决心的力量。

用钢铁般的意志冲破一切脆弱，乘风破浪，一路向前。一动摇也许就会前功尽弃，很多企业最可惜的是，转型到一半就停住了。很多人会问：钢铁是怎样炼成的？乍一听答案，也许会让人更为害怕，但是冷静下来思考，这个答案会带给更多人希望。答案就是两个字：厄运。我们知道投资回报率这个词，实际上，还有另外一个更有意思的词，叫作"运气回报率"。这个词是由吉姆·柯林斯提出的，意思是在运气和回报的关联上，很多人都以为是好运气带来好回报，事实上恰恰相反，真正的好回报是坏运气带来的。当中的核心变量就是决心，厄运会锻造一个人的决心，一个能够承受厄运的人内心会无比强大，才可以做出常人难以做到的事，才会有卓越表现。

运气回报率也是一种投资回报率，但是有意思的是，差运气反而等于高投资，如果运气太好，反而是投资变少了。史密斯出任首席执行官时不仅遇到了公司的低谷，并且他不久就得了癌症，但他没有辞职，没有退缩，而是和癌症共生，并且心怀光明。一个身患癌症的人率领公司开启了20多年的转型之旅。当我们陷入困难，觉得自己生不逢时甚至受到各种委屈和不公平的对待时，是否想到，这正是帮助我们奔赴卓越的投资呢？投资有如此多的模式，我们是否懂得厄运也是投资呢？拥有恒定的信念，用钢铁般的意志让自己在一切逆境中进化，注定通向卓越。

究竟何为"决心"呢？一百多年前，现代管理学的重要奠基者、"科学管理之父"泰勒给了我最深的触动，这种震撼甚至超越了其最终呈现的任务管理方法带给我的启发。他的决心作为一种科学精神，可以永存。

泰勒说："我当上车间主任不久，就下定决心以某种方式改变现行管理制度，以使工人和管理者的利益达到一致，而不是对立。"可这意味着泰勒需要面对和经历些什么呢？"每当我出现在大街上，人们就会骂我'工贼'或冲我说更脏的话，我的妻子会受到凌辱，我的孩子会遭到石块的袭击。有几次，我在工厂的一些朋友劝我不要走路回家。我回家时经过的是沿铁路线大约两英里半的偏僻小道。我被告知，如果继续与工人作对，将会有生命危险。可是，在这种情况下，任何怯懦的表现不会减少而只会增加风险。所以，我告诉这些工人，并请他们转告车间里的其他工人，我打算每天晚上仍从铁路旁的那条小道步行回家，不曾也不准备携带任何武器，他们可以向我开枪，将我打死。"这就是决心。因为这份决心，才有了泰勒持续的努力，才有了管理的成效，才有了现代管理学。

管理者一定是非常辛苦的，除非是无效的管理者、不负责任的管理者，克服如此之苦，靠的就是决心。我们每个人又何尝不是如此呢？每当我们想做一些有意义却有难度的事情或做出改变时，心里是不是也会出现一些阻拦呢？唯有决心可以冲破阻拦。所以，有效的自我管理也是非常辛苦的。佛学说人生有八苦，不论是生、老、病、死，还是爱别离、怨憎会、求不得，都是苦的，而五蕴炽盛作为终极的苦难又呈现了人生的悲喜。唯历经风雨，才能喜见彩虹。我们都希望有效率，但真正的效率实际是长期投入换来的进化，金佰利的进化背后是史密斯为之付出的21年，西尔斯的进化是伍德将军为之付出的30年，IBM的进化是郭士纳为之付出的9年。世界上没有偷懒的效率，真正的成效背后从无捷径。在漫漫长路上进化，正是人生的精彩。

进 化

历史的插叙

西尔斯纸巾

1884年美国零售业先驱西尔斯开始向全美的农村市场免费邮寄商品目录手册。当时汽车还没有普及，农民进城采购不方便，因此，邮购就是西尔斯选择的商业模式，农民通过这份手册来购买西尔斯的商品。所以，西尔斯在美国人眼里正是一百年前的亚马逊。"现代管理学之父"德鲁克称这份手册是美国人的"福音书"，是除《圣经》之外唯一可以覆盖诸多农村家庭的印刷品。西尔斯源源不断供应的这份有数百页纸的手册也被挂在了千家万户的洗手间，用作厕纸。事实上，中国农村早期也有拿日历当作厕纸的习惯。

从1884年至1930年，免费的"西尔斯纸巾"是美国流行的厕纸。一方面，这段时间是西尔斯邮购业务发展的主要时期；另一方面，1920年代后期，更柔软的卫生纸逐渐进入大众生活。1920年代，在福特汽车和通用汽车等车企的推进之下，美国汽车逐渐普及，截至1927年，仅福特T型车就已经累积交付1500万辆。所以，到了1920年代，农民的交通更加便捷，西尔斯则调整商业模式，建零售店，从"线上"的邮购模式转向线下实体零售。1925年，西尔斯开了8家店；1928年，西尔斯的商店数目达到192家；1929年，达到324家。1929年，零售店收入达到了西尔斯总收入的40%；1931年，西尔斯的零售店收入超过邮购业务收入；1940年，西尔斯的零售店收入占据了7.444亿美元总收入的70%，而其总收入也远远超过1929

年之前年收入的峰值4.407亿美元。因此，从20世纪30年代开始，西尔斯正式成为一家以零售店收入为主的零售商。

这就是现代大型零售商的起源。这段零售业的历程也说明，历史并不"旧"，其间蕴含循环的流行圈，就像彼时邮购的"线上"零售恰恰是现代零售模式的起源。不同的是，西尔斯的"线上"零售借助的是铁路网络，亚马逊开启的"线上"零售借助的是一百年之后新一轮的基础建设：互联网和信息化。它们的本质都是信息流和物流的传输。值得一提的是，这正是沃尔玛的核心能力，起步时间介于西尔斯和亚马逊之间的沃尔玛抓住了零售的本质。

在西尔斯的进化过程中有一位灵魂人物：伍德将军。第一次世界大战期间，伍德将军负责军用物资需求的供应链；1924年，他开始负责西尔斯的经营。他为西尔斯做出两大重要贡献：一是战略上的转型，从邮购业务到零售店业务；二是建构了与业务转型匹配的组织支撑。对于广开分店的连锁经营模式，必须要有集权与分权之道，否则组织就会混乱，战略就无法实现。与此同时，伍德将军还意识到连锁店扩大经营的关键是招聘和培训店长，但这又不是短期行为，需要长期准备和培育。1954年伍德将军退位时，他已经率领西尔斯30年。截至此时，西尔斯的地位足以写进零售业的历史，德鲁克用"社会创新"概括了西尔斯的历史贡献和创业起点，因为它在不断解决美国社会的生活问题，核心顾客是农民，这需要付出极为长久的努力，但是它做到了。另外，西尔斯还奠定了连锁经营的超市商业模式，而下一个时代就属于集中物流与信息流核心能力而崛起的沃尔玛了。

伴随着"西尔斯纸巾"这个非正式纸巾在民间广受欢迎，纸业的正规军也在不断行动。

1890年,欧文·斯科特和克拉伦斯创立了斯科特纸业公司,发明了卷筒卫生纸,主要供应酒店和药店。第一次世界大战期间,金佰利的纤维棉也主要投放医用市场。霍贝格纸业(魅力纸业原名)则扩大了卫生纸市场,不仅在技术上做到让卫生纸变得更柔软,并且在营销上也更有针对性,于1928年推出魅力牌卫生纸,对准女性市场。同时,更加柔软的卫生纸也更适合用作厕纸,会减少对马桶与下水管道的堵塞和伤害,使用也更方便。所以,继1920年金佰利推出高洁丝卫生巾之后,霍贝格纸业进一步扩大了卫生纸的生活用途,让卫生纸更加深入地嵌入了美国人的生活。这时候,卫生纸才从医用、商用(酒店)真正扩大到大众化范围。

1957年,宝洁收购魅力纸业后,在魅力纸业原有的市场调研基础上,宝洁研发总监米勒开启了纸尿布的研发项目,在突破了塑料膜和吸水层等技术之后,纸尿布诞生了。但难题在于营销,宝洁通过市场调研得知,该产品用起来的确更加便利,但是,一些妈妈反而因为这种"省事"产生了愧疚感,觉得自己关照孩子的时间少了。这时候,才有了"帮宝适"的名字。为了安抚妈妈们的心情,宝洁选择了将"Pamper"用在品牌名上。"Pamper"意为细心照料、精心呵护,这就是帮宝适(Pampers)的由来。帮宝适的名字传达出对孩子的爱。

1961年,宝洁正式推出帮宝适牌纸尿布。宝洁在官方网站(www.pg.com.cn)上用"受孙子启发的爷爷:帮宝适"的故事记述了这一里程碑事件:"宝洁的一位研究人员在照看他的第一个孙子时,发现布尿布使用起来非常麻烦,并且外出携带非常不便。于是,他和其他研究人员开发出一种更好、更实惠的一次性尿布。从那时起,帮宝适一直在不断进步——从别针到胶带、越来越薄、越来越像布,专为婴儿的各个成长阶段而设计"。这位爷爷就是宝洁的研发总监维克托·米勒,他被称作"帮宝适之父"。

02
组织进化

战略是我们要聚焦去做的事情，而要做成事情，通常要借助组织的力量。通俗地说，组织可以完成一个人做不成的事情，可以使一个企业、机构乃至社会安定繁荣。对于组织本身来讲，应该是刚柔并济的。组织既要遵循一定的结构以及结构的原则，同时，组织也要灵活，要不断突破固化，这样组织才有活力。

目标：支撑战略进化

假想一下一家企业组织的成长。刚开始一个人在做点小生意，生意好些之后，一个人忙不过来了，就找两人过来给自己打打杂，不过所有的事情还都是在自己的掌控之中，别人都只是打下手。再往后发现，要把生意做得更精致一些的时候，自己的能力不够了，要请专业的人来一起做——这些人就不是打杂的了，懂生产的做生产，懂销售的做销售，这就把生意做得更像样了。随着生意的火爆，发现做生产的一个人也不够了，销售一个人也忙不过来了，那就得再请一些人来——这个时候，就有了生产部门和销售部门，现代企业的雏形就形成了。

做小生意的人就是这样不断把企业做起来的。当在自己的小镇上把生意经营得挺好的时候，还想把生意再做大一点，于是就想到把产品卖到另外一个镇子；随着那边的生意越做越好，为了满足当地需求，就直接从那里建立了分厂。这个时候，在这门生意上，因为长期的专注，企业积累了一些财富，已经是龙头老大了，也看到了一些新机会，于是试着做新的生意。由此，组织由小到大，生生不息。由于生意之间的相关性，并且都在一个组织之下，不同的生意又可以共享组织的一些资源和能力，如研发、生产、人力等，这时的组织变得更像是一个大的平台。

进化中的组织结构

上述想象实际就是现实中的金字塔结构，其中蕴含了四种标准的组织结构（我们将在下文探讨），这些一步步生成的结构组/形成了一个稳固而庞大的金字塔。也许有人认为金字塔结构古板，

进 化

甚至会给它扣上阶层固化如此重的帽子，还有的企业会赋予相似的企业组织形态新的称谓，但从本质上讲，大多数企业或组织都没有逃离金字塔结构。看懂了结构的生成过程，就会知道，金字塔结构实际并没有很多人以为的那么呆板，或者说它可以是灵活的。一方面，它是适应战略或者说满足在环境中生存的需求，始终为生意服务，帮助组织更好地存活和发展。另一方面，它自身也在改变，当组织大到一定程度的时候，会从集权向分权转变，否则就会限制组织和其中每个个体的成长。

所以，如果我们没有看到金字塔结构蕴含的变化，或者以静态的视角来看金字塔结构，就会认为它是落伍的。而结构本身就是在变化的，结构的进化始终在追随战略的进化，最典型的就是业务单一的时候组织相对集权，而随着业务的增多组织也要跟着不断分权，这样更多人才才愿意一起来承担组织发展的责任。

组织结构通常有四种标准的"建筑"方案：一是单身公寓（简单结构），二是普通住宅（职能结构），三是写字楼（事业部结构），四是超市（矩阵结构）。

单身公寓是最简单的结构，是一个人或者自己和少数帮手来做事，结构简简单单。

普通住宅是组织结构的标配，也就是我们最常说的职能型的结构。家里有客厅、厨房、卧室，样样俱全；同样，企业有生产部、销售部、财务部等，基本的职能部门都有了。但凡组织稍微有一点规模之后，基本上都会形成这种标配的职能结构，好处是在这种结构下，企业的各个职能部门会各尽所能。当一个组织在职能结构上已经有了比较长时间的积累之后，各个职能能力都很不错了，就有机会尝试新的建筑方案。

前两种在用途上是偏"自住"的，是一种相对"集权"和"隐私"的家庭式设计理念。后两种就是商用了，是相对"分权"和"共享"的商用设计理念。事业部制结构就像是一个写字楼一样，要容纳各个独立发展的结构；矩阵制结构就像是一个大超市，各个业务都在共享超市提供的平台。所以，事业部制的特点是用业务来命名，和公司的多元化战略相匹配，比如各个产品或者地区的事业部，每个事业部独立发展，但是大家又同在一个大楼里面。事业部的好处就是有可能打造出摩天大楼出来，企业不断按照业务去分拆事业部，每个事业部独立成长起来之后还可以继续分拆，这样企业整体会变得很大。事业部结构是不断去"拆"，而矩阵结构的特点则是不断去"组"，不断根据市场的需求来组织各种临时的任务或者项目小组，然后再从各个职能部门调人过来，每个项目小组共享整个职能平台。

所以，矩阵结构和事业部结构最终带来的结果都是企业成长的规模会很大，因为这两个结构有一个共同的特点——根基都是响应市场需求，都是可以匹配多元化战略的有效方式。两种结构不同的地方在于，相比之下，事业部结构更"破费"一点，因为每个事业部都有一套稳定的正式班底，而矩阵结构的协同效率则更高一些。不过，如同一个问题的两面，事业部结构虽然破费一些，但是也更容易培养出素质更全面的领导者，所以在接班人上，相比矩阵结构，事业部会略占上风。当然，这只是相对来说，当公司的多元发展和规模化到一定程度的时候，好比两个从山峰不同方向登顶的人碰面了，两种结构可能交织在一起了：事业部内部也有矩阵制，同样矩阵制的企业也可能会拉出几个大的事业部来做。至于这两种结构哪个最好，其实没办法进行客观评判，看企业自身更适合哪个即可。如果只有一种结构是最好的，那么全世界所有的企业都是这种结构了。美的集团就是事业部结构，华为则是矩阵制，并且两种结构在两家企业都绽放出了各自的光彩。

当然，如果说真的要跳出金字塔结构，那么，最后一种结构就是无结构了：把原先建立的结构都毁掉，或者消除组织内外部所有的围墙，让组织成为一个无边界的组织。但这更像是一种开放性的理念了，我更建议企业回归现实，高楼大厦平地起，打好地基，一点一点做起。事业部和矩阵结构有一个共同的前提，就是企业的职能基础比较雄厚，否则，就没有条件分拆事业部，也不能为各个项目充分地打造共享平台。美的和华为各自在用事业部和矩阵结构的时候都已经达到了几十亿元以上的销售规模，这个规模代表了企业职能部门的规模效应，说明企业已经有了足够的职能能力。通俗地说，这也表明企业已经颇具实力。反过来看，如果两种结构都发挥不出来作用，原因可能就是在企业自身的积累不够。至于什么结构最好，还要看企业在哪个成长阶段，所以，结构没有最好，更重要的是适合自己。

当然，如果企业的规模还不够大，但是市场机会已经足够丰富，企业有战略、也需要去开展不同的业务，同时又需要借助事业部来激励大家和激发组织的成长，建议可以采用准事业部的结构。暂时不要把职能部门分拆，先让各个准事业部共用职能平台。实际上，这又有了矩阵结构的影子。所以，从根本上讲，事业部和矩阵也无本质区别。事实上，组织结构发展到建立事业部的时候就已经长大成人了，基本架构已经成熟了，后面的结构变形更多是看如何更好地服务这些事业单元，或者说让整个组织的运行效率更高。此外，对于企业发展到多大的规模才适合开始拆分职能部门，也没有僵化的数字限定。因为各个行业里，竞争力对应的规模不同，但至少有一个必要前提，就是拆分之后企业依然有能力聚焦各个有限的业务，即企业在拆分职能部门之前得在战略上通过聚焦某一个业务获得足够的竞争力。

灵活的形态与稳定的下盘

不妨看看当下最流行的结构：华为以矩阵结构闻名，也就是搭建业务的共享职能平台；阿里巴巴目前正在建设的组织中台本质亦是如此，中台汇聚集团的优势资源，进而为前台业务赋能；海尔变得更彻底，采用倒三角模式，也就是顾客说了算，人人连接顾客，人人创客。海尔的思想的确有前卫之处，人人创客不光意味着业务人员创客，也体现了职能人员的关联性。以人事工作为例，如果业务人员业绩不好，那么人事在选人上也难逃责任，这也是战略性人力资源管理的基础逻辑——人力资源是为战略服务的。

当然，海尔的结构突破实则来自对通用电气的学习，尤其是对无边界组织的学习。但是依然要注意合适性。比如，有些企业会说无边界组织没用，或许由于他们只知道无边界就是没有边界的，却并不知道无边界的前提是有边界，同"自由以遵守法律为前提"是一个道理。通用电气开创无边界之前，组织已经拥有了近百年沉淀下来的文化和制度，人员训练有素，如果没有这样的前提，无边界就会是一盘散沙、乱成一片。因此，无边界不等于漫无边际。不妨想想，无边界组织这个概念从20世纪80年代就有了，并且很早就有著作专门论述，为什么海尔这样一个善于学习的企业到了21世纪而不是在30年前才去拆组织的墙，让组织结构大变呢？答案也很简单，因为到这时候企业才具备这个条件，有静才有动，有集才有分，有约束才有自由。

同样，还有些企业说事业部制没用，可为什么通用汽车、美的等企业用得很好呢？事业部的做法是要拆自己，有的企业自己都还没有发育成熟就开始拆自己了，一个业务还没有做好就开始广泛多元化了，怎么会有竞争力呢？况且，对于企业来说，每一个职能部门就像是一个人的五官和器官一样，如果一个人的胳膊腿和各个器官都没有发育完全，就拆分自己，这是非常危险的。所以，像美的这样的企业也是认认真真地把自己的规模做到了一定程度，很难再继续增长了，同时也比较成熟了，才开始拆，这时候才拆出了成效。

因此，对于组织结构，要认知本质。尽管各个企业在结构上都看似有不同的新名词，但实际上，这些企业谁都没有逃离或者说绕过金字塔结构。一方面，企业都是从小到大一点点成长起来的，对于各个基本结构的训练，谁都没有"偷懒"，否则就不会真正的专业能力，就无法形成强力的平台或者中台来赋能。另一方面，如果我们有更为宽阔的视域，如果我们知道华为和阿里巴巴的整体结构是集团和下设事业群，如果我们知道每个公司依然有 CEO，就会知道，不论我们用什么新名词描绘，金字塔结构依然存在。否则，组织就失去稳定，就会乱。其实，再问一个更为简单的问题，一切就明了了：你有没有上司？哪怕这个上司是顾客。

所以，如同德鲁克发现的管理即分权管理，分权事业部结构实际上是一种经典的结构。小企业慢慢成长之后，业务多了，就长成了分权事业部。而大企业不论再大，即便一个企业试图用更多灵活的形式如矩阵或平台来提升效率，本质依然是按照业务来划分的分权结构。这是管理的基本规律，是结构遵从战略的公理，战略就是做什么业务，是公司的业务构成，那么结构当然要跟着战略来，否则就不能落实战略。也因此，金字塔的基本结构不会过时。

再次回到"稳固的下盘"四种基本组织结构形式上来，如果我们可以真正读懂这些形式，就会发现，简单结构、职能结构、事业部结构这三种基础结构是很明显的金字塔结构，矩阵结构则有了较大变化，成了由各项事业或各个项目共享组织的职能平台。这种平台的特色是以事业或客户为导向，而不是局限于组织内部的视野，企业要有对环境的洞察与适应。大家一起合力为了客户，是这种结构的精髓。甚至可以说，这不完全是一种结构，而是一种开放的经营理念或组织价值观。如果不能领会这一点，就不能真正把握住矩阵结构。而之所以说华为是矩阵结构的代表，并不是因为华为打破了金字塔结构，而是因为华为切中了这样的矩阵本质，以本书后文会重点论述的集成产品开发（Integrated Product Development，IPD）为标志，华为就已经开启了研发协同营销服务客户的行动，逐步去打破以研发系统为中心的金字塔。所以，不要一听说华为要打破研发金字塔，就误以为是打破整个组织的金字塔，这还是表面的认知，整个组织依然是在事业部的金字塔框架之下，但是具体到某个事业目标时，就要集中火力协同向目标发力。

所以,华为突破研发金字塔与组织本身的金字塔不矛盾,是两回事。组织应该重点把握的是从整体上遵循金字塔的集权与分权之道,即便是华为这样的大型组织,实际上也是在遵循其中的规律,比如,运营商、消费者、企业业务这三大业务即便在分权运行,但也都是在华为公司整体战略的安排下所进行的设计;否则,也会乱。面对环境的变化,这三个业务什么时候需要开启、哪个业务什么时候要开始重点发力、未来还可能要筹备什么业务、什么时候调整或关闭某个业务,都是组织统一的安排。这样才能让组织"不乱",保有整体竞争力和持续竞争力。研发与营销等合力向每一个业务或客户贡献价值的努力正是在这个整体框架中进行的。在这个框架中,组织成为平台,来自各个部门的人才也可以在项目甚至业务之间流动:做完一个项目进入下一个项目;当某一个业务机会减少而另一个业务机会增多的时候,人才也可以流向新的业务。这时候,组织就成为"活水",成为灵活的组织形态。但是,必须要保障最底层的基本框架不乱,这是组织的基本功,因为灵活的组织形态离不开稳定的下盘。有的企业可能表面成了活水,但却是为了打破组织金字塔而打破了组织结构,致使整个组织的混乱——基础架构不稳,没有认知和遵循组织管理的集权与分权之道。这是需要警醒的。

抓手：平衡集权与分权

不论是金字塔蕴含的"1∶10"的数字智慧，还是金字塔结构本身，都十分先进，至今仍有重要意义。那么，问题就来了，为什么古埃及还会灭亡呢？任何生命体都要经历生死存亡，这是必然规律。但是，生命有长短和意义之分，所以，我们应该看到金字塔所属的千年文明实属难得。生命体都想长寿和更有意义，千年已是长寿，缔造出文明就是意义。当然，"古埃及为什么会灭亡？"这个问题还是需要直面和回答，并探索出组织管理的关键线索。这个线索正是集权与分权。

一个久远的国度为什么灭亡？这是一个历史甚至考古问题，也可能是未解之谜，还可能是有多种答案。如果用唯物主义辩证法来归纳，应该会有两方面原因——外因和内因。总体来说，对于古埃及的灭亡，外因是其赖以生存的自然环境发生变化，古埃及文明后期长达百年的旱灾让长期被尼罗河孕育和滋养的古埃及失去了生命之源。对于古埃及的灭亡，究其内因，要回到组织本身。当然，敌国的入侵也可以视作外因。但实际上，除了不可抗力的天灾之外，人祸更多应归结为自身。如本书在战略管理中的论述，对手有可乘之机，根本是内在的实力不够，是先有内乱。

古埃及金字塔还有一个有意思的现象，这些金字塔是高低不一的。而当中的重要规律在于，历朝历代的陵墓规格经过了从矮小变高大的过程，到第四代王朝的胡夫金字塔达到顶峰，这也意味着，后面又有变小的趋势。这个从小到大再到小的曲线正反映了一个生命体的生长历程，对于一个组织而言，则是反映了其繁荣昌盛的前后全景。这就像是几种组织结构的发展，初代的创业者是简单结构，而后实力逐渐雄厚，胡夫金字塔应该是类似到达了事业部或矩阵结构的巅峰，更像事业部结构。事业部结构是比较破费的，因为要分权，要有更多的应对不同职能的骨架建设，要有更多的利益分配；金字塔本身就是一个耗资巨大的工程，更何况是最大的金字塔，这也反映了胡夫时期埃及的雄厚实力。而当组织走过初阶的集权阶段，到达事业部或矩阵结构时，就要设计分权了，或者说倾向于分权了。

所以，古埃及后期也需要更加分权，由此，中央的权力开始削弱。一方面，各诸侯兴起；另一方面，各诸侯开始纷争，而其实力不足够强大时，组织就乱了，整个组织根基动摇，外加外敌的入侵或使乱以及天灾，就会走向穷途末路。当然，权力的下放会让组织更加扁平，也像是金字塔的高度在降低；但是，扁平后不能失控，不能乱。由此，如何进行更有效的集权和分权设计，怎么让分权之后的组织不乱，是探索古埃及灭亡引出的重要问题。现代的企业管理实践也提供了可参考的答案，分权事业部制在现代企业中的率先实践者通用汽车公司就是典型案例，呈现了集权与分权之道。

分权之后不乱

整体的原则是，分权并不是只有分权，不要忘记集权。也就是说，对于"1∶10"这个象征性的数字，不要忘了还有"1"的存在。当然，如上文所述，更不要忘了"10"的存在和重要意义，只有集权无法发展。对于集权与分权，痛点在于，真正到了分权时，分"乱"了，最后变成瓜分和内斗；而事实上，分权本是助力组织发展的手段。一方面，分权是促进整体发展，让蛋糕更大——这是大家的蛋糕；另一方面，分权让个体能力得以充分发挥，不仅个体有了自己的事业，彼此之间还相互协作而非争斗。这才是真正的分权。其中的关键是，不能分权分到最后控不住，也不能分权之后撒手不管。

20世纪20年代通用汽车公司推行了事业部分权结构，通过有效的分权激活了各个事业单元，让通用汽车公司的整体竞争力反超了同期由亨利·福特绝对集权的福特汽车公司。下表呈现了两家公司的业绩对比。在这组对比数据当中，1911年，也就是在科学管理学诞生的时点，两家公司绩效相当，并且规模都较小，但随后，福特汽车公司用标准化和流水线的科学方法引爆了生产效率革命，于20世纪第二个10年率先成长起来，远超通用汽车公司。1913年，福特公司生产一个底盘的生产时间已经从14小时缩短到1.5小时。1914年，福特汽车的市场份额已经达到 48%，而其只占用了美国汽车市场 14.6% 的工人，这意味着，福特汽车 13 000 名工人的产出与其余全部汽车公司 66 000 名工人的相当。当然，福特员工的收入也在改善，1914 年福特公司工人的最低日工资为 8 小时 5 美元，后来甚至提升到 10 美元，而当时美国一般工人为 9 小时 2.34 美元。伴随生产效率的提升，福特 T 型车的价格也从 1908 年的 850 美元降至 1921 年的 290 美元，马车的价格则为 400 美元，此时，福特汽车的市场份额已经高达 55.7%，是通用汽车的 4.39 倍。但是，从 20 世纪 20 年代通用汽车开启事业部分权管理之后，各个事业部被激活，有序运行；而同期，福特汽车公司创始人亨利•福特个人的绝对集权管理导致管理层崩塌，福特汽车公司开始衰落。20 世纪 20 年代，通用汽车大幅增长，追平福特汽车公司；20 世纪 30 年代，福特汽车公司彻底被反超。

福特汽车公司与通用汽车公司的业绩变化比较

年份	销售量（万辆）		年份	市场份额（%）		年份	收入（亿美元）		利润（亿美元）	
	福特	通用		福特	通用		福特	通用	福特	通用
1911	4	3.5	1911	19.9	17.8	1927	3.56	12.89	-0.304	2.62
1917	74.1	19.6	1917	42.4	11.2	1929	11.45	15.32	0.91	2.66
1925	149.5	74.6	1921	55.7	12.7	1931	4.6	8.28	-0.372	1.17
1929	143.6	148.2	1925	40	20	1933	2.97	5.84	-0.079	0.81
1933	32.6	65.2	1929	31.3	32.3	1935	8.34	11.56	0.186	1.77
1937	83.7	163.7	1937	21.4	41.7	1937	8.47	16.07	0.082	2.03

资料来源：Chandler A D, McCraw T K, Tedlow R S. *Management Past and Present: A Casebook on American Business History*[M]. Cincinnati: South-Western College Publishing, 1996.

事业部分权管理培养了一个有效的管理层团队，这个管理层支撑起组织发展，而这正是同期福特汽车公司欠缺的。通用汽车事业部分权管理的主要动作要领如下。

第一个动作要领：总部统筹全局。在做什么与不做什么的业务范围上，由总部决定；并且，对此总部负有为公司长远布局的战略责任。比如未来新业务的拓展，这个责任不是由事业部来承担，事业部可以考虑，但是最终的决策权在总部。这样，当总部可以统筹安排时，各个事业部就不会乱，也不会冲撞，整个集团的目标就是统一的。带领通用汽车进行分权设计的总裁斯隆对事业部结构有明确的宗旨："为通用汽车公司建立一个组织结构，它将明确地规定整个运作的权力路线并使各分支机构达成协调，同时消除那些到目前为止仍在继续的无效率环节。"

实际上，在布局事业部结构之前，通用汽车公司是先理清了公司级别的战略，让各经营单元保持不乱。雪佛兰和别克是主力产品，但是别克价格更高。凯迪拉克价格最高，其次是别克，随后是奥克兰和奥兹。雪佛兰价格最低，产量最大，凯迪拉克产量最小。5个事业部互不相争，并且合力满足不同顾客的需求。1921年，雪佛兰的市场份额是4%，福特公司市场份额为55.5%；1940年，雪佛兰的市场份额达到了23.7%，通用汽车的市场份额为47.5%，福特汽车的市场份额则跌至18.9%，通用汽车仅雪佛兰一个产品就已经超越福特汽车，而20年前雪佛兰尚不足福特汽车公司的十分之一。这就是分权带来的活力,而前提是不乱。如果通用汽车内部厮杀,内耗也会让组织整体失去效力。战略上的混乱就会导致组织的混乱,所以,不乱的战略统筹是组织分权的前提。

第二个动作要领:运行权限划分。因为价格是通用汽车经营的底层假设,是用价格来做业务区隔,以此参与市场竞争的,因此,定价权在总部这里。但是事业部花了多少钱买元件总部不作限制,甚至对于是否从通用汽车内部的元件事业部购买也不作限制,这是分部的权力,是遵从市场经济的自由规律。事业部总裁的奖赏权和任命权在总部这里,因此,事业部总裁要对经营绩效负责。当然,某些运行权限的划分也要视具体情况而定,例如,在同时期采用事业部分权管理的西尔斯,作为零售商,其在采购权限上进行了中央集权处理,各大区的零售店和邮购业务点的商品采购只能由西尔斯的采购部统一购买,但它将营销权限则下放给了大区经理,也就是说,总部只负责统一采购商品,至于如何销售、推广、分销商品,由各区自治。当然,为了方便各区,西尔斯亦制定了支持各区的政策,总部尽可能采购当地货源。

第三个动作要领:总部必须关心事业部进展。总部必须留意各个事业部的业绩进展以及遇到的问题,及时帮助事业部解决问题。分权不代表撒手不管,只是给予事业部一部分自由运行的权限,但是不论在哪里,事业部都是整体的有机组成部分。核心在于，当其中一个事业部的运行效率低下时，就会影响整个组织的效率，因此，总部要及时跟进，并且不断帮助事业部进步。

美的集团1997年业绩增长遇到瓶颈，其亦通过采取事业部制激活了各个业务单元，同时培养了一批优秀的经理人。2012年接任美的董事长的方洪波，就曾任空调事业部总经理。美的集团的分权管理亦效果显著，1997年美的董事长何享健将美的集团拆分为5个事业部：空调事业部、风扇事业部、厨具事业部、电机事业部、压缩机事业部。1998年，空调销售增长80%，集团销售额达到50亿元人民币，而1996年和1997年的销售额分别为25亿和30亿。从1997年的30亿再到2002年的150亿，美的在5年间收入增长了4倍。

事实上，美的集团在1997年进行事业部改造之前事先做了一个动作，建设内部的数字化系统。由此，就可以看到每个事业部的运行状况，哪里出现问题都可以及时解决，从而帮助每个事业部有效运行。为此，美的邀请了甲骨文公司来帮助自己，成为甲骨文在中国的第一个客户。但是这不代表老板就可以远离市场了，老板距离市场越远，资源就会距离市场越远，因此，老板和市场是不能分的。事实上，即便有了数字化系统，美的集团的创始人何享健依然会走到前线，不仅代表着给予事业部成长的关心和信心，更带去资源解决问题。

第四个动作要领：保证事业部稳健运行。事业部虽然是集团的分部，但也是相对独立运行的部分，相当于一个企业在独立发展，因此，在发展逻辑上必须遵循企业的持续经营逻辑，保持稳健，不能在财务和法务上出现问题。但是相比纯粹独立的企业，事业部又多了一份依靠，因为有人会帮助事业部来操这份心，这就是总部的职责。这时候，总部的职能就派上用场了，总部的财务和法务必须贡献专业意见，帮助事业部在获得经营绩效的同时，在财务和法务上不出现问题，从而持续经营。1920年代，通用汽车掌管财务的一位副总裁这样来描述各事业部的年度经营目标："由中央办事处彻底地检查，并与现在和过去的业绩相比较，任何反常情况或因销售期望过于保守引起的明显背离都将引起有关官员的注意。"与此同时，由总部参与制定的年度经营目标则有更加专业的依据，包括4个因素的研究：行业容量的增长、季节性周期变化、商业环境的总体形势以及竞争对手的情况。

第五个动作要领：总部职能要为事业部赋能。事业部分权是一个相对耗费资源的结构，因为有职能的重复设计。事业部要独立运行，因此要有各自的职能部门。但是，与此同时，总部依然有相同的职能部门，也因此会有职能副总裁，但是一定不是虚设，副总裁必须承担责任。责任就是为事业部提供更为专业的职能建议，充当管理顾问或者服务者的角色。比如，在人员激励、生产运营效率等专业问题上，总部职能部门可以参与进来，或者事业部可以请求总部职能部门帮助，但是这时候决策权在事业部这里，不在总部，总部职能部门的建议只供参考。

因此，职能部门并不是真正意义上职权阶层，实际上这些部门享有的是专家权而不是职权，必须运用有效的知识赢得业务部门和总部的信任，才能真正拥有话语权，其存在的价值才能够凸显。除此之外，因为总部的职能部门可以融入事业部，还可以帮助总部了解事业部的运行情况，实际上也是总部的一只触角——目的是帮助分部进步。

弹性设计

组织要保持机敏，保持对环境的敏感，由此组织才不是僵化的。尤其是在动态环境当中，组织需要拥抱变化。事业部并非没有弹性空间，这就又回到了事业部生成的起点——是因为环境和战略的变化，是因为业务上的需求，所以才有了结构上的安排。因为事业部更贴近市场，如果组织在分权上绝对刚性，严格规定事业部必须按照预先计划的路线走，就有可能错失机会。因此，针对新的变化和机会，事业部也需要弹性和变化的空间。在事业部层面，组织允许三种变化。这三种变化恰恰是通用汽车在上世纪四十年代战时的动荡时期表现出来的。事实上，当今时代的不确定性与战时的动荡无异。对于在不确定性环境中出现的新机会，组织有三种分权管理动作可做。

第一种：事业部在驾驭范围内拥抱新机会。只要可以驾驭，可以贡献出绩效，总部允许分部抓住机会。事实上，通用汽车的事业部在战时接到了一些新产品的订单，这些订单超出了原本的计划范围，但是因为的确贡献出了重大业绩，因此，通用汽车准许了这样的变化发生。

第二种：事业部协同拥抱新机会。如果事业部自己无法驾驭，就协同其他事业部一起抓住机会。比如，战时涌现出了坦克需求的新机会，通用汽车没有一个事业部可以满足这项军需，有技术的事业部没有足够大的场地，有场地的事业部又没有足够的技术，于是，事业部之间协同，共同创造价值。

第三种：用新事业部拥抱新机会。如果事业部自己无法驾驭，事业部协同也无法驾驭，这个时候不意味着组织就失去新机会了，可以通过新建事业部的方式把握机会。比如，战时空军对飞机的需求迫切，但是通用汽车既有的事业部都做不了，于是通用汽车收购了若干新厂组合成新的事业部来完成了这份事业。为了把握住新机会，可以不断展开更多的内外合作。

环境：公平

延续本书在"战略进化"部分论述的 3M 案例，3M 的创新除了战略路径的引导之外，更有组织的包容与孕育，这亦是对战略的重要支撑。在某种程度上讲，对于"1∶10"，3M 很在意有战略头脑的"1",但是也没有忘记旁边的"10",甚至给了"10"更多的自主选择权和生存保障、荣誉、鼓舞,而这又进一步助推了 3M 的创新。这就是组织的包容与伟大,如母亲一般。

做员工坚实的后盾

所以,创新除了战略基础之外,背后还必须要有一个组织体系来支撑。3M 的创新并不是说来就来,而是由整个组织体系孵化出来的。组织作为孵化器的重点是形成一种有效的机制,这种机制把创新激发出来。3M 就是把自己变成了这样一种可以孵化创新的组织。

来看看 3M 是如何做的。除了外部的物质激励之外,3M 用鼓励员工个人成长的方式来激励创新,一线研发人员借助产品的市场表现,不仅仅可以得到物质奖励,还会伴随市场业绩升至产品经理甚至更高职位。3M 知道整个管理岗的上升通道非常狭窄,所以开辟了技术人员的专业上升通道。这样,对于技术人员来说,就有了两条路可走,除了管理岗之外,技术通道会得到更高的重视。当然,一些公司会说自己也有技术通道,但差别在于,那在很多情况下只是一个职级的晋升,很多得到职级晋升的人员除了薪资的微弱增长之外,并无更多变化,这样激励性就不够。所以,实际上很多公司都浪费了技术通道,更准确地说,其实并没有一个真正的技术通道。

3M会把有创新贡献的人奉为楷模,进入公司的名人堂,而不论是技术人员还是市场人员,当对创新做出重大贡献时,都会被编入公司的发展史,载入史册,这些创新者才是3M故事的主人。比如,20世纪20年代研发胶带的德鲁已经成为3M内部传为佳话的英雄人物。想想看,你的企业是讲老板多一些还是讲这样的创新者多一些呢?这就是创新者的地位。这就是对于"1∶10"本质的认知,真正的创新者在"10"里面。3M的做法不仅仅可以激发一名创新者的内在动力,故事的流传也让整个组织形成了浓郁的创新氛围,谁能创新,谁是就"老大"。当然,必须是有效的创新。

有时候,因为对于错误的不容忍,一些企业会把创新者逼到"死胡同",这反而会扼杀创新。尽管一再强调创新要有效,但我们必须接受一个现实,创新不见得能一次性成功,也不得见能百分百有效,因此,鼓励创新就要包容错误,否则就没有人敢去创新。如果没有容错空间,就不会有创新空间。当然,包容错误不是说说就可以了,通过一个简单的问题就可以判定企业到底是不是在包容错误:我们的创新者在创新失败之后会不会丢饭碗呢?如果会,就说明还是没有真正包容创新者。

延续着3M对于新产品的市场跟踪:成了,研发人员会得到相应的奖励和晋升;相反,市场反应不佳,研发人员也不会被"打入冷宫",工作职位依然保留,这样研发人员就拥有了基本的工作保障。创新是伟大的，是一项需要安全保障的工作，如果连这个基本保障都得不到，个人又怎么能安心创新呢？

与此同时，即便创新没有成功，3M也不会轻易否定创新，不会用"失败"来下结论，而是始终鼓励在挫折中寻找新的希望，或者说"变废为宝"。3M曾将在市场上失败的某种材料用作制作胸罩，依然没有获得成功，但是3M还是没有放弃，最后把这些材料做成口罩，通过防尘设计保护工人的职业健康，成为全美劳工必备用品，大获成功。在创新之路上，我们会笃定地相信自己一定会成功吗？组织应该帮助员工建立信心。

除了这种充满胸怀的激励机制，3M灵活的组织形态也在孕育创新。当中有以下三点。

一是采用团队工作模式。3M创新的基本单元是产品创新小组，并且会招募市场、财务、制造人员一起工作。注意这里的关键词，是"招募"，而不是"安排"或者"指定"，大家是自愿参加。这既是一种内在驱动的表现，也是一种去官僚化的表现。每个人不是被动接受，不仅会喜欢工作，还会去主动创造。

二是下级选择上级。如果一个研发人员提出的创新不被上级接受，可以主动去问其他部门，只要有部门接受就可以推动创新；如果没有一个部门可以接受，最后还可以到一个专门的创新部门去尝试。这在今天看来都是一种非常先进的组织创新模式，但是

3M 早在 40 年前就已经在运用这种模式了。

三是文档简单。3M 坚持大公司要精简文档，不需要动辄数百页的新产品研发提案，而只需要思路清楚。

这些组织特点都让 3M 成为一个极为灵活的大型组织。

所以，我们从中可以看出，一个被世人公认为创新代表的公司，其实要做非常多的创新工作，需要大量的付出和创造，除了技术创新能力，更有在公司战略和组织上的不断创新。很多企业技术很强，但是创新不够。只有深厚的管理功力，才能孕育出创新，并且让创新脚踏实地。

建构公平的组织环境

组织管理中不可回避一个问题：关系。很多时候，我们的确是误读了这个概念，甚至带着误解做出了不当的行为，比如，拉关系、走后门。这样的不当行为对更多人而言是不公平的。唯有正确认识"关系"，才能让关系带来好的行为和结果。

金字塔也代表着一系列关系。在金字塔内部，有组织内的上下级关系、团队成员关系、部门关系、个体与组织的关系；在金字塔外部，有组织之间的关系、组织和顾客的关系、个体和外部的关系，等等。这些关系都应该是一种正当的关系，是正大光明的存在。如果用系统论的视角来看，组织和个体本身都是一个关系系统。个体在组织当中，而个体和组织又都嵌入更大的系统当中，万物互联，整个世界就是一个关联的体系。针对这种关系，管理要做的就是确保关系的正当性，而这又需要有一个基本的前提，就是个体或者我们自己对关系有正确的认知，这是生成正当关系的内在决定因素。当保持正当关系时，不论对谁，都是一种正向的帮助。

组织要谈关系，就应该光明正大地谈关系。这个关系是合作，是相互正向鼓励的士气，是团队精神，是彼此协同，是一起做正确的事情，意思非常明确和正向。

光明正大的关系是这样一个良性的互动过程：（1）个体通过自己的诚实守信和真才实干而非投机取巧、走捷径获得对方的信任（其间的诚恳付出是"本"）；（2）基于彼此信任的关系，彼此欣赏，互相鼓舞，这时候就形成了组织行为学在人际关系学说（Human Relations Theory）中非常基础的一步：有了士气，彼此是朋友或伙伴，构成非正式的组织（可能还没有一起正式共事，所以是非正式组织）；（3）如果共同来做事，这时个体和个体之间就能结成正式的团队、组织或者合作伙伴，共同做有意义的事情，其中的个体要遵守整个团队、组织的规范或合作关系的约定。

这就是用正统的组织理论来解释的正大光明的关系的概念，这才是需要通过努力获得的关系。以这种关系为基础才能营造公平的氛围，形成正向的组织和社会风气。公平也是组织理论的重要奠基人法约尔提出的组织管理原则，公平是组织应有的文化规范和文化氛围，而公平理论本身也隶属于组织行为学中的激励理论，唯有组织公平才能激励更多人去努力奋斗。华为所倡导的"不让雷锋吃亏"就是公平的体现。

回到本质，除了用正统的现代组织理论来正确地认识关系，中国传统文化更是可以为我们指出正确的方向。目前社会中出现的所谓托关系、走后门，甚至腐败现象，恰恰说明我们应该回归中国传统文化的初心，好好学学中国的传统文化，尤其是儒家文化。不正当的关系恰恰违背了儒家文化的基本原理。

首先是仁义。仁义有两层含义。第一层含义是，做事情不能只为自己，不能只有利己，还要利他。这样就形成了一种基本的关系：不只是关心自己，因为个体与个体彼此之间的关联，我们应该关注彼此，关注整体的利益，这就类似"共同体"的概念。关系本身就是一个组织概念，不是个体以自我为中心的概念。第二层含义是，做事情不能只考虑利，还要考虑义，做人、做事还要讲究道义。基于这两层意思，我们就不能把关系完全当成绝对方便自己的工具。组织允许走后门、走捷径，对踏实肯干的人公平吗？这个非常自我的不当行为伤害了真正努力的人，这种行为是对公平正义的破坏。

其次是秩序，或者说是规范或原则。实际上儒家文化是非常讲求"不乱"的。所谓"君君臣臣，父父子子"，也有两层意思。第一层含义是，做君的就好好做君，做个好君；做臣的就好好做臣，做个好臣。同样，做父亲的就好好做父亲，做个好父亲；做孩子的就好好做孩子，做个好孩子。每个人都扮演自己的角色，就"不乱"。这是第一层含义，从"君""臣""父""子"自身出发，如果动态来看，就会看到君与臣、父与子之间的关系。

当两个人是君臣关系时，两个人就按照君臣关系来相处；当两个人是父子关系时，就按照父子关系来相处。举例来说，父子俩在同一家企业工作，比如，父亲是上司，孩子是下属，那么，这时候在企业和工作中，双方的关系就应严格按照君臣关系来运行；否则，就会乱，就可能助长"任人唯亲"的滋生。同样的道理，上司评价员工是不是一个好员工，要看其有没有"在其位、谋其政"，是看其有没有做好本职工作，而不是把别的关系掺杂进来。这就是简单评价，是单纯聚焦本职表现。这样的评价才公平，评价程序也变得简单。这是组织理性。

当真正回归中国优秀传统文化时，我们就会找到"关系"的正确方向。一方面，我们得讲求仁义，不能只顾自己，要维护公平正义；另一方面，我们应该恪守和维系规范的关系，就事论事，该是什么关系的时候就是什么关系，由关系产生的行为也会正大光明。

在"不乱"的关系之下，一方面，我们自己会更努力做好自己的本职工作，另一方面，"不乱"的关系也会让组织和社会的风气更公正。这对接下来的"突破固化"而言是至关重要的前提。

阵地：年轻人是"新希望"

塞氏公司是巴西的一家老牌企业，20世纪80年代，当创始人把企业传给自己儿子的时候，它已经奄奄一息了。年轻的掌门人望着大海：自己的企业要像海水一样灵活有力，才能复活。他把所有的注意力都放在公司的年轻人身上，因为这些人才有活力，才是公司的希望。

不过，摆在他面前的困难是，公司经过长年的发展已经过度臃肿，层级过度复杂、高耸，让年轻人看不到成长的希望；公司机制僵化，留给年轻人发挥的余地极小。为此，他把组织结构打碎，公司不再是原来僵化的官僚机构，没有任何固化的职位。之后，组织只设立角色，比如决策者角色、任务角色、服务角色、协调角色。至于每个人的具体头衔是什么，按照工作需要由个人决定，甚至收入也由自己来定，但前提是服务于任务，并且每个人的成本开支和利润贡献是透明公开的。

结果，大家的活力真的像海水一样，一浪一浪地冲上来，公司恢复了活力，业绩连年高速增长；更重要的是，公司成了巴西年轻人最向往的公司。因此，通用汽车、福特公司、IBM等世界级的公司都前来学习。

企业的代际发展，容易走向两个极端：一种是上一代很成功，但是毁在了下一代手里；另一种是上一代给下一代留下一个"烂摊子"，但是下一代盘活了企业。塞氏公司的案例正是后者。本质上，塞氏公司的发展并不是由于代际传承，而是找到了保持企业活力的根源。或许上一代也曾经拥有活力，但是当上一代人都老了，企业的活力就消退了；同样，即便新一代年轻人的活力被释放出来，但这些人也终将老去，这是生命规律。企业要基业长青，就得始终保持年轻人是生力军。

分权给年轻人

在分权给年轻人这件事上，新希望集团的董事长刘永好正是典型。常青树可以常青，不是因为永不落叶，而是因为在叶落的同时有新的树叶生长出来。在新希望集团而立之年之际，为了重塑公司的活力，用刘永好的话讲，就要推行"干部年轻化"，让企业葆有青春。而要实现干部年轻化，刘永好认为"要首先从我开始"。

刘永好直面干部老化的问题："我们自己深思一下发现，我们的干部老了。30年的发展以后，这些跟我们一起创业的干部年龄也大了，50多岁、60多岁的人在主要岗位上，40多岁的少。公司没有干劲了。我的年龄显然是最大的，跟我一块创业的年长的老员工,他们在重要的岗位上,他们对新生事物的理解度,对互联网、对国际化的认识,显然不如年轻人。于是我们就提出坚决年轻化。年轻化怎么做呢?必须从我开始,原来我是担任四五十家公司的董事长。很多大事基本上是我说了算。好处是效率高,执行力强,坏处是离了我就不能干事情。所以就从我开刀,我从四五十家公司的董事长降到只是一两个公司的董事长,甚至包括最大的公司——新希望六和股份公司。我培养我女儿刘畅,让她走到前台,其实她更是一个干部年轻化的标志,这是一个步骤,不单单是她,而是一大批年轻人。这就是我们的变革。"

让年长的干部退位,这当然是个不容易的过程,但刘永好妥善安置了老干部。如刘永好所说,"这个变革说起来简单,其实很难。因为这些老同志对公司非常有感情,并且他们爱厂爱家,工作也很努力。他们虽然年龄大了一些,但是也不愿意退休回家养老,他们觉得他们的事业在、感情在。怎样对这些老同志有一个妥善的安排和考虑,这是干部年轻化最重要的,在这个问题上我们做得还比较好。60多岁的直接退休,享受国家政策、国家规定(给与的福利)。其中有一些非常优秀的员工,退休以后聘作专业项目的顾问,或者是某个专门事件、专门项目的特派员,或者是做一些专项审计等等。这样既能够发挥他们的作用,同时他们的心态、心情也会比较舒畅。另外一些年龄稍微大一些、还不到退休年龄的,从一线退到二线。最重要的是让出岗位,让年轻人、有激情有活力的人去做。"

2013年,"八零后"刘畅出任新希望六和股份公司董事长,是新希望集团干部年轻化的标志,同时,也是新希望家族代际传承的标志。

分权的意义、组织活力的根源实际是来自组织当中每一个个体强大的能动性。组织和组织之间的差异,在这一点上表现得非常明显:有的组织没有活力,甚至已经到了垂死边缘,其实是当中的人没有了活力;相反,想让企业起死回生、返老还童,一个最直接的办法,其实是交给年轻人。所以,我们也会看到,今天很多已经年过中年的中国企业都开始考虑传承的问题,也就是管理层的"大换血",做年轻化的人才升级,其实是为了保持组织的活力。要想企业活得很久,就要始终保证企业中存有年轻而有活力的个体。

为年轻人搭建舞台

当然,不是说换成年轻人,交给新生代,这些人就会自动在组织当中表现出活力,还要看组织有没有给个体提供施展才华的舞台或挑战机会。比如内部创业,要看组织能不能给个体完成任务的资源和支持。海尔把组织的结构从正三角形调整为倒三角形,也是在强调个体的重要,为个体更多地赋能,以创造顾客价值。刘永好也常常提到新希望集团的"舞台"。刘永好搭建的舞台可以激发出新希望年轻员工更大的能量，离不开两个方面的舞台特色。

一方面是凸显年轻人的价值。老一辈的管理者逐渐隐退，让年轻人站出来，相信年轻人有更好的表现。新希望培养和吸收了一批年轻的管理者，刘永好打破了"职业经理人"的说法，代之以"企业家""事业经理人"，这意味着新希望的舞台是大家的，把新希望这个平台进一步转变为每个年轻人自己的事业舞台。这个舞台不是刘永好的，而是大家共同的。刘永好在"让位"后说："发展规模做大以后，不管做什么，只有一个（重点），就是管理。其实不在乎你直接管，相反你直接管多了以后往往不好。因为你的企业规模那么大，分布在那么多地方，你怎么管？你管了，人家这些职业经理人怎么管？所以更重要的是让一批经理人成为企业家。所以我说我们公司今后要少提职业经理人，多提我们的企业家精神。我们就是企业家。所以说这几年来，我们一方面使干部年轻化，一大批年轻人出来了；另一方面，我们面向社会招聘了一批非常优秀的管理干部。我们集团几个主要的管理干部，他们的水平比较高。我们的一个集团的副董事长原来是北大学生会主席，在公司干了14个年头。毕业以后在中国人民银行总行工作，然后下海在我们公司干了十几年，从基础工作，到中层干部，到现在是高层干部，40来岁。另外一个副总裁原来在央企工作，也是做高层管理人员，到我们这里来，做我们的副总裁，也是做得相当不错。这样的一些优秀人员，要把他们请进来，让他们发挥作用。我们还有一批从国外来的同行，国际会计事务所的，国际机构的，这样的人有一大批开始进来了。"从职业经理人到企业家，正是组织赋予管理者的全新价值。从平凡到不凡，正是一个组织的魅力和吸引力。

另一方面是创造更多的机会。在让年轻人走出来的同时，要为年轻人创造新的机遇和挑战，让他们有更多有意义的事情可做，才能取得更积极的表现。刘永好说："关键看我们有没有这样的舞台。有这样的舞台人家好唱戏，没有这个舞台人家来没有办法唱。我们要给他们创造条件，让他们在这儿不但能唱戏，还能唱得非常好。"由此，新希望集团亦进行战略上的调整，推进有目标的革新，"我们提出三个化，一是变革创新互联网化，二是国际化，三是把产业发展实体成长和发展与金融平台结合，进行产融结合金融化"。这些变化的目的就是为年轻人搭建舞台和赋能。刘永好不仅是民生银行的发起人和大股东，还在新希望集团成立了新希望财务公司、新希望融资担保公司、新希望金融公司等。在此基础上，新希望集团拿出上亿资金支持几百个微创新项目。这些机会都让新希望人有机会释放更大的能量。

更有意思的是，除了在现有体系中用年轻化的方式给年轻人机会之外，刘永好辞去新希望六和董事长职位后，成立了草根知本。由此，在刘永好搭建的舞台中，除了成立30多年的大型集团新希望，又增加了一个新的舞台。对年轻人或年轻业务而言，相比很多人畏惧的固化，以草根和知识命名的这个新公司可能会更接地气，更容易让人看到希望，并且凸显了知识的力量，鼓励草根用知识来创新。新希望的乳品就是在这个平台诞生的。

事实上，在观察新希望或者华为这样的国内大型企业时，我的内心的确有一份深深的敬意，当然，我对一些新创企业也同样保持敬意。这种敬意并不只是因为规模大小，甚至不是因为最终在顾客端实现的价值，而是其作为组织对于成员个体价值实现的贡献。这是组织的魅力，让普通人从中有所成就，甚至圆了很多人的梦想。华为有20万名员工，更让人震撼和触动的是，其中有很多来自农村。当然，不同的人有不同的解读，我更愿意从阳光的角度来看：华为帮助了无数的农村孩子过上更好的生活，这也是对所谓阶层固化直接而有力的回应。京东也是如此，创始人刘强东本人也是农村孩子出身，他很希望更多农村孩子可以通过努力过上更好的生活。从村里到城里，让下一代接受到更进步的教育，而京东作为一个组织就是在努力成为这样的平台。这实际上是组织作为平台吸引人的重要原因。

文学评论家哈罗德·布鲁姆曾这样形容学者："一个学者是一根蜡烛，所有人的爱和愿望会点燃它。"布鲁姆认为，读者需要用心的光点亮学者的作品,而被照亮的作品又会给读者带来更大光明。事实上,这个道理也体现在组织和员工的关系之中:组织点燃员工的同时,员工也为组织带来光明。在阅读新希望集团的内部资料《讲述新希望人自己的故事》时,有一则故事让我印象深刻,题为《永不放弃,给我爱的新希望》。这位员工写道:

> 我来自一个特殊的群体,腿部的残障,让懂事的我无时无刻地感受到:与生俱来的不仅仅是肢体的不健全,更多的是灵魂深处的自卑。当通知我以第一名笔试成绩进入国税局应聘面试时,我一扫往日的愁云,仿佛找回了久违的自信,甚至感到无比自豪与骄傲。但当我站在面试考官的面前时,没想到他却用奇异的眼光看着我说:"对不起,我们招聘的是身体健全的公务员,你的腿……"
>
> 打那以后,我常常把自己关在屋里,独自躺在床上发呆。失落与绝望使我再也鼓不起求职的勇气。这时,一位好心的老师找到我,语重心长地对我说:"人的一生起起落落是常事,你才刚刚跨出校门,人生的道路还长着呢,不要放弃,跌倒了爬起来继续前行,做一个生活的强者。这不,新希望集团的上市公司农业股份来学校招聘啦,你再去试试吧。"
>
> 经过初试、笔试、复试,"新希望"终于接纳了我。新希望不抛弃我,我更没有理由放弃自己。在得到录用通知的那一刹那,汩汩热泪挂在我的脸上,不仅家人为我庆幸并满怀感激,而且我

个人更是下定决心要用一流的工作来报答新希望，感恩新希望！

报到时，公司领导对我说："新希望是很大的平台、很好的平台。她会善待每一位敬业努力的员工。只有勤奋工作、努力上进，每一个新希望人职业生涯的前景都将是远大的。"在这里，我真正感受到了一种家庭般的温暖、军队般的力量、学校般的氛围。虽然常常工作至深夜，但我和我的同事们感到无比的充实、无比的快乐。因为我们为自己所爱的"新希望"奋斗着。

这则故事是一名普通新希望人的经历，激活新希望人、赋予新希望人正能量的不是其他，正是新希望这个平台。故事中所讲的"新希望是很大的平台、很好的平台。她会善待每一位敬业努力的员工。只有勤奋工作、努力上进，每一个新希望人职业生涯的前景都将是远大的"就是一个正向平台的样子。

一位创业者曾问我，如何在招聘时就知道一个人的内驱力。实际上，这位创业者过去几十年已经在全国开了上千家门店，我相信在这份成绩的背后是诸多拥有内驱力的人在贡献力量，对于这个问题的探索，我的学生就是我的向导。这些年来我一直认真观察在华为、京东等企业工作的学生，这些同学和我们大多数人一样出身平凡，一路上都刻苦努力，不断考取更好的学校，攻读研究生，在工作中依旧如此，面对更多困难，依然保持努力，不曾放弃，我特别欣喜看到每位同学及其所在组织的成长。由此，也许答案在于：这是个人与组织双方的共同努力，并不是单方的要求和愿望。组织能够让人看到希望；个人始终对更美好的未来怀有憧憬和坚定的信念，由此保持积极的状态。当两股正能量汇聚在一起时，组织和人都更具活力。这种积极的状态不因环境的困难而消退，这是极为宝贵的精神，于组织和个人而言都是如此。

历史的插叙

四位"组织理论之父"

在管理学中有四位组织理论的重要奠基人，分别是：马克斯·韦伯（Max Weber，1864—1920），亨利·法约尔（Henri Fayol，1841—1925），切斯特·巴纳德（Chester Barnard，1886—1961），彼得·德鲁克（Peter Drucker，1909—2005）。

从时间来看，韦伯、法约尔和"科学管理之父"泰勒基本处在同一时期。韦伯是学者，研究成果发布更早，从19世纪后期就陆续有研究成果发布。法约尔和泰勒都是企业实践者，泰勒多在业务一线，所以其产出的是围绕工作效率的科学管理。法约尔的研究是有了总经理的高层管理实践后的总结，所以，他虽然年龄稍长一些，但发布成果的时间更晚一些，尤其是相对于同是研究组织的韦伯来说。法约尔和泰勒的代表作都在20世纪第一个10年出版。因为法约尔的总经理身份,他和泰勒不同,他重点关注组织管理。

巴纳德和德鲁克活跃的时代比韦伯和法约尔的时代要晚一代。巴纳德是先有20年的经理人经验后再做研究的,德鲁克一开始就是学者,所以,尽管两者年龄相差一代,但发表研究成果的时间大致在一代,都始于20世纪30年代。其中,德鲁克的社会学成果问世始于20世纪30年代,标志是1939年出版的著作《经济人的末日》;管理学成果发表始于四十年代,标志是1946年出版的著作《公司的概念》。德鲁克是管理学四位奠基人中最长寿的,并且是到目前为止投入管理研究时间最长的学者,其研究伴随了一代代学者的成长。当小德鲁克40多岁的吉姆·柯林斯这一代学者已被称为组织理论的大师时,德鲁克依然在努力研究,他因此被尊称为"大师中的大师"。德鲁克的巨大成就是熬出来的,这个"熬"是坚持,是对长期主义的践行。从内容来看,韦伯用理性阐释组织发展的前提。现代企业要想从家族发展到共同体,就需要打破家族的限制。这时候组织实际上依赖的是更大范围的合作力量,而非仅仅依靠血缘关系。所以,在现代企业中,企业的继承者可能是创业者的子女或后代,也可能不是,关键是看谁更适合担此重任。这就是组织的理性,这种理性体现了公平原则。这样的组织理性是为了实现对个体的公平,也是组织持续经营的原因。组织要把事情交给有能力的人,大到事业的传承或分权,小到每个任务的分配或授权。

在法约尔看来,一个组织从管理上应该遵循一定的原则,而不是乱来。所以,他提出了14条一般原则。之所以说是"一般",意味着这些原则是相对普遍或普世的原理。它们包括:(1)分工;(2)

责任和权力对等；（3）纪律；（4）统一指挥，一个员工只能有一个顶头上司；（5）统一领导，组织要有统一的目标和价值观做引领；（6）个人利益服从整体利益；（7）人员报酬，要让个体服从组织，组织就得给人员相应的劳动报酬；（8）集权和分权要有度，不能绝对集权，也不能彻底分权而没有集权；（9）等级链，组织的沟通不仅仅是上下级之间的沟通，也包括平级之间的沟通，组织可以为平级之间的沟通搭建桥梁，这样组织沟通和协作效率会更高；（10）秩序，任何事物应该有其应在的合适地方，不能乱；（11）公平；（12）人员的稳定性；（13）创新精神；（14）团结合作。从分工到合作，这就形成了法约尔的组织理论体系。

笔者曾为上海大学和上海外国语大学的组织部培训，内容是组织理论，学习对象是从事行政管理的老师们。围绕效率的提升这一主题，笔者通常会举一个例子。比如，一个员工要申请用章，当中需要三个人审批，正常为三天，结果却用了一个星期。其中的一个管理员说，我已经按时审批了，完成了工作。这句话就是典型的"分工"逻辑，其实真正的组织逻辑是"合作"。所以，这位管理员的工作实际上还没有完成，他需要关注其余的管理员有没有及时解决问题。如果组织整体没有绩效，个体就没有绩效，这就是组织的合作逻辑。合作的目标或者说绩效评价的主体应该是那个需要用章的员工，那个人是顾客。如果大家都懂得这个道理，就可以简单地评价彼此，而不是把复杂的感性认知和权力距离掺杂到关系里。比如，当另一位管理员联系或催促自己时，自己就不会嫌烦，会觉得对方是好意，因为大家为的是合作解决顾客的问题。有时候自己确实是因为特殊情况（比如生病）而没有在岗，合作的好意就会让自己做出提前安排或者让彼此及时相互帮助。此外，有时候权力小的管理员不敢催促权力高的管理员，按照组织的逻辑，权力高的管理员应该鼓励或授权基层管理员来监督或提醒自己，因为真正的权力在顾客手里，上下级也是合作关系。这也证明，一线在组织里很重要，因为一线人员往往最先接触到顾客的问题。当把这个组织的逻辑落实后，合作反而变简单了，因为剔除了无效的顾虑和消耗。这时候，每个人也会对自己的工作更加负责，因为谁的工作品质高、效率高，谁才应该在那个岗位上，而不是取决于别的因素。这样，组织的效率就会提升。这也是组织要保持简单的意思，是理性组织的要求。这个例子虽然简单，却让大家恍然大悟。

巴纳德则明确了组织的定义。巴纳德是经理人，但是其对经理人的经验进行研究总结，得出了组织的概念，组织的本质是合作系统。其奠定的是基本概念，所以尽管他是经理人，但后来从事组织管理研究的学者在研究组织时通常都会提及他。同时期的梅奥的人际关系学说，也是受到了巴纳德合作思想的启发。

德鲁克总结了组织管理的分权规律，这是有效"实战"的关键。学者德鲁克直接从实践和绩效切入，就是要探寻优秀组织背后的成功规律。其以当时美国最成功的企业通用汽车为例，找出企业成功的原因，即分权管理，也就是通过分权给更多的经理人从而促进组织更广阔的生长。

"合作"是上述四位"组织理论之父"在研究内容上的共性：韦伯倡导理性合作；法约尔强调从分工到合作；巴纳德把组织界定为目标导向的合作系统；德鲁克则研究了总部和分部的合作规律。

03
文化进化

当我们说学习文化时,其实学习的是一些指导我们生存的规律或知识。这时,文化可以指一套积极的理论,人们通过理解和践行这些理论,成为有文化的人,从而得以生存。一个组织或者社会对人们如何更好地生活都会有一些理论上的约定,这些约定就是文化。人们习得文化,进而融入组织和社会,并有可能因积极的行为表现和价值创造进化为对组织和社会有价值的人。与此同时,文化能帮助人和组织产生竞争力,文化塑造人,帮助人不断进化。组织或人做事的品质或其生产的产品的品质,本质上源于人的贡献,是由人的品行决定的。所以,要造物,先造人。

海尔：人人创客

20世纪80年代，张瑞敏接手海尔时，公司乱得一塌糊涂，很多管理者来了都招架不住，张瑞敏来了就明文规定，不准随地大小便，并且果断去砸有质量问题的冰箱。做出了好冰箱，有口皆碑，海尔的品牌也逐渐打响了。九十年代，海尔又以品质过硬、适合美国年轻人生活方式的小冰箱"出海"，取得了不俗的海外成绩。2000年以后，海尔率先成长为中国最早的销售额突破千亿的家电企业。

张瑞敏用20年的时间带领海尔起死回生，并且成为行业领袖。对很多人而言，提到海尔都会想到张瑞敏，吴天明导演的电影《首席执行官》也是以张瑞敏的故事为蓝本。不过，外界有一些质疑或担忧的声音：海尔在成为一家超大企业之后，是否会因为个人英雄色彩过重而限制更长远的发展呢？如果大家都能意识到这个问题，那么领导者或许早已心知肚明。

于是，有意思的事情出现了。到了21世纪第二个10年，在海尔出现了另外一种现象：人人都是"首席执行官"。通过自主经营体和人单合一的设计，让每一位员工和顾客的价值创造连接在一起，人人创客，这样人人都是老板了，每个人都在海尔创业。很多组织有事业部，但更多的责任、事业心和机会是在事业部的负责人或管理层身上。这样的设计让每个人都自主经营，让每个人都有机会创造订单，成为一个业务单元，组织更多地扮演赋能者或服务者的角色。也可以说，海尔进行了更进一步的组织分权。由此，海尔在销售业绩上保持稳健增长，年销售额从一千亿跨入两千亿，在家电行业续写着自己的成长篇章。人人创客，但是人人又都在海尔体系当中，从而让海尔成为可以创造顾客的组织。

实际上，表达组织文化的规则也是在不断进化的。海尔创业初期的规则是"不乱丢垃圾"，而今天的规则已经进化为"人人创客"。从"不乱丢垃圾"到"人人创客"，这就是文化的进化。文化是一套面对现实的生存规则：创业初期海尔的现实就是车间脏乱，所以得先保持清洁、做好生产；今天，海尔的现实是让一个庞大的企业组织继续成长，这就需要让其中的每一个人都拥有更高的活力和创造价值的能力，需要已然成长的团队人人创客。

此外，文化作为一种规则本身就是一种"法治"。文化本身必须是严肃认真的，规则不能被轻易打破。只有人们真正做到"不乱丢垃圾"，文化才可能进化到下一阶段。这就是"法治"的严肃性。制定规则的人更不能打破规则，如果一个老板说公司对着装有要求，那么其本人首先要做到这一点；如果其说公司要以顾客为导向，那么其本人首先要真正做到不远离顾客，即便自己是高层。

海尔早期的一些规则今天我们看起来很离谱，尤其是"不许随地大小便"。但这正说明它进化了，说明很多人克服了过去的陋习，进化出更好的行为习惯；这也反映出规则或文化得到了执行或实践，唯有行动才会促成文化的进化。

张瑞敏是一位好的首席执行官，因为他在每个阶段都做了合适的事情，让海尔取得了业绩。相反，如果张瑞敏一上来就给每个个体没有约束的自由，任员工随地大小便，那也一定导致企业的颓败。在创业阶段，先做出好的产品；到了企业做大了的阶段，设计个体的自主经营，以此保证成长的持续性。这是符合企业成长规律的逻辑。在这个过程当中，张瑞敏找到了适应中国人成长的节奏——好的管理者，必须把握好人的成长节奏。

在20世纪80年代初期，不止海尔，很多企业都拿不出像样的产品，人员素质的整体水平也不高。改革开放之前的相对封闭，使得大多数人鲜有机会接触高品质的产品和服务。很多人并不知道真正好的产品和服务是什么样的，这种视野的局限导致很多人对自身或企业没有太高的品质意识。

当文明成为自觉，海尔才可以推行更多的分权设计。相反，若人们还在车间乱扔垃圾，随地大小便，又怎么能让人人都当CEO呢？当然，张瑞敏依然是首席执行官，或者说，即便某个领袖离任，组织依然要拥有首席执行官，要有"一把手"。一边是"人人都是CEO"，一边是"张首席"或"一把手"，两端缺一不可。

有效的"法治"，目的是让更多人训练有素，表现出更好的行为，用管理学的语言来讲，就是取得更好的绩效。在"法治"的背景之下，人越加训练有素，越会得到更多分权，这时，更加训练有素或者更加自律的个体反而更加自主。因此，不论是《汉谟拉比法典》还是现代的法律规章，终究是为了塑造文明的，而文明是一种不乱的秩序。《汉谟拉比法典》是由国王牵头，海尔作为企业则是由首席执行官牵头，用法治来整治乱象。不乱丢垃圾，不乱吐痰，这些规定实际上是在"造人"，有了文明的人，才能造出文明的产品，才能造福社会。

德胜洋楼：教育培养美德

德胜洋楼是一家位于苏州的生产美式洋房的企业，这家企业的工人多数是农民工，但是生产出来的产品远远超出美式洋房的标准。过硬的产品品质，让企业得以立足。而因为高品质的产品是出自农民之手，则更让人刮目相看，很多企业前来学习。德胜洋楼的工人去酒店参加活动时给身边人留下的印象非常好。

德胜洋楼是笔者在十几年前就开始关注的一个案例。其特别之处在于：一方面，在其所处的建筑行业，确实存在一些工人素质不高的情形，尤其是在更早的时候，但其下定决心进行改造，并且确实重塑了建筑工人的形象；另一方面，这家企业并不大，却有这样的作为，是笔者认为特别值得肯定的地方。"教育"是其文化管理的特色，但不是说企业一定要到了规模非常大的阶段才需要承担"教育"功能，中小企业也应该甚至有责任如此做，因为当真正塑造好员工的行为时，企业的绩效才会增长，并实现个人和组织的共同成长。德胜洋楼在文化管理上是有一定代表性的，是对我们个人、组织和社会发展有一定启示的。

本书在文化管理的部分主要选择了两个中国企业的案例。一个是大企业华为，后文将全程展现华为的文化进化之道；一个是中小企业，即本章所述的德胜洋楼。这家企业其实没有用太花哨的方法，就是踏实地采用了一些实在的"教育"方法，这种朴实反而让这个案例可能具备经典的价值，可以让更多企业看到文化管理中的基本动作，比如从文化确立到在做中学，还有创始人的引导和组织制度的约束。

- 契约：《德胜员工守则》，造物先造人

工人素质提升，《德胜员工守则》功不可没。公司守则的基因是公司的价值观，当大家不断学习每一条规矩的时候，表面上学的是规矩，实质上学的是诚信等价值观。有了规矩，就有了底线，才能成方圆。除了诚信，勤劳也是德胜洋楼特别倡导的价值观。新员工到公司后要先劳动，比如加入到打扫洋房、割草种花之类的"吃苦工程"中。每一个人都遵守诚信和勤劳的准则，最后贡献出超高品质的产品，赢得了行业和顾客的赞美，这对劳动人民而言是最光荣的。当然，德胜洋楼的一些"幸福政策"也传为佳话，如上班不打卡、报销不用领导签字、年假长达 21 天。

想要建造高品质的建筑，必须得知道，产品是实体，价值观是保障实体品质的精神内核。因此，不能为了立规矩而去立规矩，要在规矩中融入公司的价值观；否则，规矩就会变得古板，失去灵魂的规矩没有意义，甚至流于形式。规矩也不需要去模仿，企业得知道自己最重要的价值观念是什么，那就立什么样的规矩。

事实上，诚信、勤劳本身就是中华民族的传统美德，更是劳动人民身上受人尊敬的品质。清醒的管理者知道，唤醒员工，需要企业进行有效的文化管理。文化传统中有这种基因不代表一定会充分显现，所以，一方面要利用规矩将大家潜意识中的积极观念激发出来，另一方面要通过对劳动者的尊重，促使意识转化为行动。

德胜洋楼的一系列"幸福政策"的确能够"收买人心"，但是，这些政策的制定与施行得有前提，它是对诚信、勤劳的劳动人民的回报。诚信，才不用打卡考勤，才能报销不用领导签字；勤劳，才能"创造"出自己的长假。其实，这些"幸福政策"的回报都是自己的努力所创造的。公司和员工将心比心，相互尊重和付出，才能守护好这个令人幸福的园地。由是观之，德胜洋楼会建造洋楼，更会缔造契约精神。

很多人都以为是德胜洋楼帮助农民工做出了改变和自我提升，这当然是事实，不过只说对了一半，更重要的是，农民工也促成了德胜洋楼的改变,这种改变不仅仅是生产出好产品,更是营造出一种氛围。勤劳质朴的农民工会影响公司所有成员,像花朵一样传播着勤劳的芳香,甚至感染同行与更多企业。

■ 用文化管理塑造人的品行

《德胜员工守则》中有两篇真实描写德胜员工行为的记录。

一篇题为《农民的脸庞,白领的气质》,这是同济大学的一位学生在实习期间对德胜洋楼员工行为的观察记录。它讲述道:

> 来到德胜实习的第一天,给我印象最深的,除了那漂亮干净的洋楼和独具匠心的小区布局外,更令我感到惊讶的,是公司里的工人。公司员工据说百分之七十以上来自安徽黄山的农村。看到他们黝黑的脸庞、朴素的衣着,就知道他们并非都市白领。但是,他们的言谈举止又让你觉得他们是白领,因为你能看到他们经常嚼着口香糖,见面就主动问好,他们的热情倒是让我显得有些腼腆。当然,生命的脱胎换骨意味着我们要告别以前的自我,舍弃自己早已养成的生活习惯,也只有这样,才能从本质上由一个农民转变成一名产业化工人,甚至白领!不夸张地说,德胜公司为大家的改变提供了一个良好的大环境。《德胜员工手册》是大家的行为规范,其中有对每个人大到奖金、升迁,小到刷牙洗脸的规定。如果说,这是硬性的规定,那么公司里还有许多软性的环境来帮助大家成为一个君子。比如说,三餐的费用靠自己投币,无人监督,饭菜均明码标价,打多少

饭，自动投多少硬币；储藏间的物品为厨房、洗衣处、洗澡间公用，不允许挪为私用，但是储藏间并不上锁；木工车间里有一部公用电话，可以免费打外线、长途，但是请自觉控制好时间（原则上不超过 15 分钟）。诸如此类，不胜枚举。员工可以通过这些小事情，在做君子还是做小人上做自由选择……

另外一篇题为《德胜员工的素质让我惊诧》，讲述的是苏州吴宫喜来登大酒店宴会会议服务部一位经理的感受，这是对于德胜洋楼员工行为的一份外部评价。

从 2002 年开始，德胜公司每年都在我们酒店举办圣诞晚宴。说实话，第一次德胜公司派员来我们酒店联系的时候，我的心里没有一点儿底。我想，能到我们五星级酒店举办活动的公司，肯定不是一般的公司，他们的员工素质应该是比较高的。但同时，我的心里多少还是有点担心的。因为这数百名甚至近千名的客人中，大多是建筑工人。万一他们中有的人大声喧哗、随地吐痰怎么办？他们要是喝醉了酒闹事怎么办？为了防范，我们还是做了准备工作，比平时多派了相关人员。但事实大大出乎我的意料，德胜公司员工的素质让我惊叹。他们的员工来酒店时，全都衣着整齐，彬彬有礼。没有人大声喧哗，没有人随地吐痰，没有人酗酒；抽烟的人没有乱弹烟灰、乱丢烟头，而且抽烟的人也不多。他们员工的素质甚至比我们有些机关干部的素质还高！听说他们的员工队伍每年是有变化的，但不变的是他们每一年的活动都如此，真是让我钦佩！

在德胜洋楼这个组织里，农民有良好的行为表现：表现得非常绅士，对待同事和客人彬彬有礼；在食堂买饭的时候付费没有人监督，但没有人会不付费或少付费；储物间不上锁但也不会丢失物品；上班不需要打卡也不会有人随意迟到早退和偷懒。这些都表现了诚信。

在德胜论坛里，有人很好奇地询问："德胜是如何有效监控员工考勤的？很佩服德胜公司提出的'永远不打卡'制度，说员工的考勤都是自觉的。然而员工迟到或早退的现象是肯定存在的，或主观或客观。我的问题是：德胜的作息时间是怎么规定的？员工不打卡，在实际操作中，如何有效辨别员工的迟到或早退是有意在偷懒，还是确实有事情呢？整个操控流程是怎样的呢？"这个提问者认为非常复杂的问题被德胜员工用很简单的方式做了解答："德胜是人性化管理，是高度信任员工的，员工也就自觉维持上下班制度，谁迟到或者早退，自己都感觉不好意思，首先不符合勤劳、诚实的价值观。违背价值观，德胜员工会觉得是耻辱。这个问题在德胜从来就不是人们关心的话题。如果有人迟到了，都会主动给主管领导说一下原因，也就没有人再追究了；如果谁在这方面耍小聪明，也就离离开德胜不远了。这样回答您的问题，不知道您是否满意。"

在创始人聂圣哲看来,德胜的成功是价值观、文化的胜利。如他所说,"大道至简,常识归真,基本道理和社会常识就在我们身边,就像空气、阳光和水一样,对生命弥足珍贵,但我们却视而不见或肆意破坏,总有一天会付出惨痛的代价。德胜之所以成功,就是因为相信常识,相信自己,不急功近利,不斤斤计较,始终遵循德胜人的价值观——'诚实、勤劳、有爱心、不走捷径',朝着自己的目标坚定不移地迈进,终有所成。因此,可以说,德胜的成功是管理的成功,是思想的成果,但究其根本是价值观、文化的胜利"。这也说明了文化可以创造竞争力的底层逻辑。让文化渗透在人身上,体现在行为上。德胜洋楼价值观的内容容易复制,但是德胜洋楼的全体员工将价值观内化的结果难以复制。员工与组织价值观的一致是复制的难点,德胜洋楼在这一点上进行了很多组织都没有高度重视并有效执行的管理实践。

教育:长期投入

在德胜洋楼的文化建设中,重中之重是"教育"。实际上,教育正是其培育公司文化的核心工作。坦白说,教育是个苦差事。教育人的成本很高,甚至短期内会出力不讨好,可以用代价很大来形容;但也正因如此,真心投入大量心思和精力育人的企业是稀缺的,而投入终将获得回报。教育,必定要践行长期主义,长期主义又是文化形成的核心逻辑。"十年树木，百年树人"，说的就是这个道理。

德胜洋楼创立于20世纪90年代，彼时组织文化的概念诞生不久。今天极具竞争力的华为已经投入几十年塑造"华为人"，这些努力依然在持续。文化的投入是不能停的，不论是德胜洋楼还是华为，文化会让企业生生不息，但是文化需要打造和维系。

所谓教书育人，教育的本质和使命的确是育人，育人也可能"得罪"人；教育需要长期的渗透，所以培训可以是以小时、日、月为时间单位，但教育通常以年为时间单位。比如，大学教育通常是三四年——真正塑造人的不只是专业技能，更是文化素养，这才是大学和教育的意义。多年后，一个人因教育而成长，回过头来，或许会感激曾经的"严师"，抑或感慨为何当年没有听从"逆耳"的话语，让自己不得不在后续用更高的成本来为当年的行为买单。从长期来看，真正的教育不仅不会得罪人，还会令人感激。企业开办的企业大学或类似机构也应如此，重点是塑造人，让人的行为因正向文化的滋养而变得更好、更善，进而保障企业的健康运行和个人的成长。

组织也承担着社会功能，塑造员工作为个体的良好品质，这是很多优秀企业值得赞赏的地方。比如，华为就一直在努力培养奋斗者，发扬中华民族艰苦奋斗的优良作风。德鲁克1989年在《新现实》一书中记述："教育负有防止社会堕落为金权社会的责任。

教育不限于学校，每一个用人单位都必须成为教育场所。美国用人单位在育人上的投入和学校相当，已经做到了领先，日本也开始意识到了这一点。"事实上，德胜洋楼所开展的正是这样的教育工作，华为自1987年创立至今亦展现出如此的社会担当。

任正非格外重视教育事业，面对社会上的浮躁声音，在年轻人的教育问题上，任正非在2017年曾说："要有精神和正能量。不要听互联网上讲的那样的'怪话'——不干活儿，动不动就能挣很多钱。在金钱至上的社会里刨出一种精神来，才是留给后人的宝贵财富。"华为真正的价值和财富实际上是塑造并传递着积极向上的奋斗精神。脚踏实地、肯长期努力奋斗的精神才是成就之本。任正非明确反对给年轻人讲不劳而获的故事，那会让人更浮躁。

德鲁克曾这样界定知识构成、表达对教育的期待："技能和品性构成了知识社会的知识基础。在知识社会中，教育除了培育技能，还有品性，这需要借助传统智慧和美德来解决今天的问题和（抑制）丑恶，这是学者尤其是人文学者对人类生命的贡献。教育通过受过教育的人来促进经济增长和社会发展。"

在待人上，教育就是管理，是在优化人性；反过来说，管理也需要教育，因为一切管理的成果都依托于人的行为来完成。这是管理和教育的相通之处，是两门学问均强调以人为本的原因所在。这也意味着，不论是教育还是管理，都非常难，都需要巨大的投入。管理者可能也要像老师、教练一样用心，有耐心、苦心地长期投入。归根结底，两者都是唤醒人的善念，努力促成人因自我管理而有卓越作为。要达到这样的教育效果或管理效果，管理者首先须敢于承担管理或教育职责。科学管理就是归纳与传授知识技能，文化管理则更多体现了对人性或基本品行的塑造与优化。

　　以教育为文化管理的核心方式，这是德胜洋楼的过人之处。如同聂圣哲的观点，管理的灵魂是教育。曾经留学美国的聂圣哲说："'德胜管理体系'既是受西方思想启发，也是我在国民性改造过程中对中华民族的特点及文化进行再挖掘的结果。这套体系的灵魂是'有效的教育'。公司要想长寿和健康发展，必须要有自己的教育和再教育的体系。'德胜管理体系'很大一部分就是再教育体系，是价值观和信仰再造体系。而德胜公司的一切管理，都是围绕'诚实、勤劳、有爱心、不走捷径'的价值观进行的，把天下的基本道理整理出来，有些事情不需要再去争论，我们就按照这些去教化人就可以了。虽然有人反对说教，但其实人类都是在说教中长大的，只不过看你说什么、如何去教的。"

　　由此，德胜洋楼的文化教育管理包含了两个基本的部分：首先是说教什么，即确定组织的价值观；其次是如何说教，即通过什么样的方式让说教对象的价值观与组织的价值观变得一致。在说教什么上，德胜洋楼直面现实又回归优良传统；在如何说教上，德胜洋楼并不只是说，而是让人在做当中感受不易，用珍惜、欣赏促成勤奋与互助，让人在遵守制度的过程中意识到责任，用负责、担当促进自律与成长。

■ **不走捷径，让幸福更踏实**

德胜洋楼并非盲目地设定价值观或直接复制其他优秀企业的价值观，而是认真分析过为什么要确定这样的组织价值观。德胜洋楼深刻领悟了在特定时期员工的价值观，但之于组织而言，这些价值观未必是恰当的。10年前聂胜哲有过这样的个人判断："这些年，在我们过分强调经济发展的过程中，物质主义唯上，投机取巧成风，没有规则意识，没有道德底线，常识就成了摆设，以致让人们都不再相信常识。更重要的是，我们的教育出了问题，现在的教育纯粹是考试教育……而最重要的公民教育，做人做事基本道理的教育却少得可怜，这样的教育本身就背离了教育常识。"由此，德胜洋楼清楚组织的价值观不应当是什么，不提倡功利主义，不倡导走捷径。

创立企业要明示规则，但文化作为规则一定不是拍脑袋定出来的，也不是照搬别人的，是要直面现实的。就像张瑞敏在20世纪80年代制定的不许在车间随地大小便的海尔规则，现在看起来很离谱，但当时就是有一部分人行为不当。行为可能只是一个表征，它真正呈现一部分人的真实素质，而有这样素质的人无法做出更好品质的产品。所以，张瑞敏才下定决心，放出狠话，坚决整顿车间中的不文明行为。

需要直面现实中的不足或问题，但这不是终点，目的是要从根本上改善。改善，往往要有一个起点，海尔的起点是塑造车间文明行为。聂圣哲在讲述其创业初期所面临的现实时说："我从国外回来的时候，可以当教授，也可以做官员。但我觉得，办实业最能让一个人了解社会，了解国民性。并且，办实业可以源源不断地供应生活及研究的经费，还可以让我在国民性改造上做一些试验，同时解决不少人的就业问题，可谓一举多得。因此，从国外回来之后，经营实业就成为我的一个选择。画家陈丹青曾经在接受访谈时说过一段话，他从美国回来时，别人问他，'你是回来混的还是干一番事业的？'陈丹青说，开始他都没有听懂，他在美国呆了15年，在那个国家靠'混'是不行的，上班就要认真工作，怎么混呢？后来他明白了，是可以混的！我也是从美国回来的，对此深有同感。在德胜，我希望大家变成劳动的自觉者，'勤劳'是我们倡导的核心价值观之一。"基于对环境文化、组织要求的深刻理解，德胜洋楼面对现实，将组织价值观确立为"诚实、勤劳、有爱心、不走捷径"，并展开了长期的文化改造和文明塑造之路。组织价值观不是随意复制而来的，而是要经过认真思考的，必须是一个创业者发自内心的渴望。创业者自己首先要非常确信，这时候自己才能践行，才能在组织当中不遗余力地坚定推行。

实践：做中学

德胜洋楼的教育方式并非多么奇特或神奇，难得的是它踏踏实实地去实践了。在内部，德胜洋楼通过一些看似不大的事让员工习得组织的价值观；在外部，德胜洋楼通过创办学校，通过系统的教育来为组织储备价值观与公司一致的员工。

德胜洋楼刚入职的员工通常会经历一些事，例如进行"各种体力劳动"。聂圣哲这样解释："现在有一些刚走出校门的学生，总认为他们一毕业就可以成为白领或高级管理人员，但其实他们中大部分人连一块玻璃怎么擦干净都不知道，又怎么管理别人，怎能发现别人工作中的错误？这样的人当然不是我们需要的员工。我们的新员工在培训期间要打扫样板房、清扫街道、割草、种花、在公司厨房工作以及为前来参观样板房的客人提供服务。这是德胜人力资源政策中的严格规定，目的就是培养员工的劳动意识，并为今后的细致工作作准备。"此外，还有"吃苦工程"。聂圣哲也给出了解释："'吃一年苦工程'是我们反击惰性的一种有效办法。简单来说，就是让不懂得珍惜德胜工作环境的员工'去别的工地尝尝味道'。德胜的工作环境一直以来都高于同行普遍标准，所以我们会让那些不懂珍惜的员工，特别是那些没有在别的工地干过的，请一年假出去闯一闯，他才知道在德胜工作是怎么回事。比如有一个人，表现不是太差，手艺也不错，但我们感觉他一直有种无所谓的态度,于是我们就要求他到外面干一年,体会体会外面的世界。这叫'清醒工程'"。

这些事情与工作能力并不直接相关,但对员工的工作却至关重要。员工在这些事情当中体认了组织的价值观,真正懂得珍惜工作和环境、真正懂得尊重他人的劳动果实,从而变得努力敬业,就不会随意消耗工作时间、与同事在各种不必要的事情上内耗。如此一来,组织不乱,个人和组织才能收获成效。

■ **对制度的学习与遵守**

除此之外,德胜洋楼的内部教育还体现在对制度的学习和遵守上。《德胜员工守则》是德胜洋楼价值观的载体,也是让德胜员工从农民变成产业工人的关键。德胜洋楼要求员工认真学习守则,违规者会被100%执行处罚并归档,而管理者违规所受处罚还要加重10%。在企业外部,德胜洋楼创立了木工学校,校训即为德胜洋楼的价值观"诚实、勤劳、有爱心、不走捷径",学有所成的学生被授予"匠士"称呼,这一举措被誉为"职业教育的新创举"。而学成的标准则是学好两门功课,首先是《道德修养》,教材为德胜洋楼根据其价值观编写的,其次才是专业技能课程《木工理论》。

由此,德胜洋楼将"责任"两个字植入员工的人格当中。员工应当对自己的所作所为负责,这才是真正的匠人。德胜洋楼的财务报销不需要领导签字,省去了各种审批程序,依靠的正是员工的自觉,但是德胜洋楼也是通过个人的信用机制来塑造出员的这种特质的。费用报销事关个人信用，既然是个人信用问题就应当让员工个人承担。德胜洋楼建立了一套专门分析职工报销行为真实性的"个人信用计算机辅助系统"，任何腐败与欺诈行为一旦通过抽样调查或被个人信用计算机辅助系统发现，员工就会为自己的不诚实行为付出昂贵的代价。德胜洋楼的报销办法是一个设计精巧的程序，财务部只有三个人，每个员工都有签单权，只要填好报销单据，不需高管签字，就可以拿到现金。任何人在报销前必须认真聆听财务人员宣读《报销前的声明》："您现在所报销的必须真实及符合《财务报销规则》，否则都将成为您欺诈、违规甚至违法的证据，必将受到严厉的处罚并付出相应的代价，这个污点将伴随您一生。"如此一来，事情就真正成了自己的事情，出了问题个人负责。个人一旦懂得要对自己的工作和行为负责，就会更加重视自己的工作和行为，变得更加自律，也就不会出现不负责任的行为。

组织文化由外而内，终究要成为行为习惯。所以，文化管理到最后终究是自我管理。

华为：不停歇地奋斗

在探讨组织文化的最后，本书想用一个较为系统的案例来呈现组织文化的生成和演进——华为。选择华为来呈现，一方面是因为华为的绩效验证了文化的竞争力，如今华为的销售额已经迈向千亿美元级别，的确是源自奋斗者的付出，这些付出也凝结成为著名的"奋斗者文化"；另一方面也很重要，华为深悟文化之道，其文化萌发自生存需要，扎根于市场，落实于行动。文化是需要沉淀的，是长期努力的结果，坦白说，文化救治企业的"疗效"算不上快，但力量巨大、影响长久。换言之，我们现在看到的企业文化竞争力，实际上是来源于企业10年、甚至20年前的努力。正因为如此，我们现在回看华为的历史仍不觉得过时，甚至更有感触。

■ 进化成为"组织人"

不妨再次听听任正非先生2017年就如何正向引导年轻人所说的那番话语："要有精神和正能量。不要听互联网上讲的那样的'怪话'——不干活儿，动不动就能挣很多钱。在金钱至上的社会里刨出一种精神来，才是留给后人的宝贵财富。"

我们听到过关于很多"组织人"的说法，比如，华为人、阿里人，这些说法实际上是借鉴了"社会人"的说法。比如，欧洲人、亚洲人、中国人、美国人、南方人、北方人，还可以具体到省份、城镇，甚至家庭。组织人实际上代表着一个组织的精神，体现着一个组织的精神面貌。就企业组织而言，华为人可以看作是一个典范，其标签就是"奋斗者"。从更大范围来说，这是华为这个嵌入在中国社会文化中的组织所展现的民族风貌。

华为人的精神并不是只属于华为人。个体要在组织中生存，就要遵循组织的精神进化，成为"组织人"。当"个体"是指企业的时候，其所处的组织就是更大的社会环境。企业对社会有贡献，社会才允许企业存在。因此，华为精神其实传承了中华民族艰苦奋斗的优秀传统；而华为在组织内部，唤醒了奋斗精神，由此塑造了华为人。

"组织人"：文化进化的个体目标

■ 不能越过文化来看华为

十多年前笔者就有幸随陈春花老师一起研究华为，并参与学术界的交流。那时，华为还没有今天这么"热"或者"流行"，原因可能有这两点：一是华为在消费端并不为人熟知，那时的华为还没有着力展开消费者业务，在当时业绩相当的中国企业中，人们更熟知的是联想和海尔等企业，而事实上，当时的华为已经有了很强的实力，只是在名气或者大众知名度上还没有那么大；二是尽管十多年前华为的业绩已经很出色，但是远不及现在的华为——业绩有了质的飞跃，销售额从百亿美元提升到千亿美元，是世界级企业的业绩表现。如今，华为已经成为中国企业的"旗舰"，甚至成为中国民营企业在世界上的一张重要"名片"。

华为成长的重要启示是，华为人身上体现了华为的奋斗价值观。这正是个人与组织的契合，是组织文化形成的基本检验标准。

华为的文化打造是"有板有眼"的，不是乱来的，它遵循了文化的基本规律。华为体现了最朴实的文化原理：生存方式，就是大家在一起活下来，要拥有共同的行为要求。而这个生存方式就是奋斗。这种生存方式从"狼性"表达开始，逐步形成以客户为中心的奋斗者文化。并且，这种奋斗者文化是持续的奋斗，不自满，不断地自我批判，从而持续地提升和锻造自己。所以，"华为没有成功"，这是任正非带领华为始终保持的谦逊与进取心。

有了这种奋斗者文化作为核心，就可以确信，不论公司做什么业务都能做好，其竞争力的根本都可以归结于此。华为十多年前的通信业务竞争力始于此，过去10年间的重要增长引擎消费者业务是源于此，今天在云计算上能否继续取得竞争力也依赖于此，各个业务能否延续辉煌或持续领先都以此为基石。华为的这种文化是在创业的前20年逐步形成的，所以，这段时期应该是华为极为重要的一段成长史，是形成华为"初心"的宝贵时期。

一个企业如果缺少了这样的经历或者历练，就无法形成有竞争力的文化。这是我们须学习或借鉴华为非常关键的地方，不要看其光彩耀人的今天，也不要只看到近些年业绩的爆发式增长，一定不能越过文化的形成或进化来观察和学习华为，否则就不能触及根本。

"狼性"：于艰苦中求生的法则

20 世纪 80 年代中后期，中国的固定电话网正处于由传统的步进制、纵横制向数字程控交换的转型时期，电话普及率还不到 0.5%，一个拥有 12 亿人口的大国，蕴含了巨大的市场商机，吸引了世界各国交换机厂商纷纷来华"淘金"，形成了中国通信历上的"七国八制"局面，指的是日本的 NEC 和富士通、美国的朗讯、加拿大的北电、瑞典的爱立信、德国的西门子、比利时的 BTM 和法国的阿尔卡特。七个国家、八种制式，中国的交换机市场被国外交换机厂商占据。

华为就是在这样一种背景下诞生的。1987 年 10 月，任正非和他人合伙投资 21 000 元创办了华为。面对残酷的竞争环境，任正非说："出生在民族通信工业生死存亡的关头，我们要竭尽全力，在公平竞争中自下而上地发展，绝不后退、低头，不被那些实力雄厚的公司打倒。"与此同时，中国政府也开始关注开发自己的品牌，如我国通信业的"巨大中华"——巨龙、大唐、中兴、华为四家企业。当时国外厂商低估了中国农村的市场形势，认为中国农村经济落后，利润空间太小，因而全部集中在中国的城市市场上，而"巨大中华"四家企业抓住了"农话"政策的机会，以低廉的价格占据了我国农村程控交换机市场。九十年代中期，"巨大中华"改变了八十年代末期"七国八制"统领中国市场的格局。

九十年代中期以后,在激烈的竞争中,中兴和华为成为国内通信设备行业中最具竞争力的企业。两家企业同处深圳华侨城,70%的产品拥有相同的市场,竞争主要体现在电源市场和交换机市场。其中,中兴的市场份额要在华为之上,同时,在技术实力上中兴也优于华为。面对更强大的对手时,在生存苦战中磨练出来的华为狼性文化充分显现并得以加强。华为有一批像狼一样敢于开拓和行动的市场销售员,任正非将之称为华为的"市场英雄"。华为不断地开大会表彰和提倡这种狼性,与中兴形成了强大的反差。

中兴人虽然更擅长做技术,但面对市场,缺乏策略。在抢夺市场的过程中,华为人表现出了狼的特质,嗅觉灵敏而且进攻性强;中兴人则更多地体现了侯为贵所倡导的牛性,斯文、踏实、对技术一丝不苟。1996年,任正非在《再论反骄破满,在思想上艰苦奋斗》的讲话中就指出:"中兴人更善于'做实',而华为人更善于'做势'。"在当时的中兴人看来,华为人的眼睛里随时都放着一种要去抢市场的光,华为的市场人员为了抢客户可以"不择手段"。在客户的眼里,"华为市场部的人员有不达目的不罢休的精神,为了让你用他们的产品,他们可以每天到你这里来报到,有事没事地找你说话,也不管你什么态度,到了中午就请你吃饭,这样的结果就是最好让你无法拒绝他的产品,但是,中兴的市场销售员做市场就没有华为人那样刻苦"。1998年是中兴和华为竞争最激烈的一年，这一年过后，华为的销售额达到了89亿，而中兴的则是41.7亿。

- **客户导向：明确企业存在的理由**

因为华为狼性的胜利，很多研究者出版了一系列关于狼性的书籍。直至今天，仍然有一些研究者认为华为是一种狼性文化，或许狼性在一定程度上已经流淌在华为人的血液里。但是，对于华为狼性的理解必须要关注其发挥关键作用的时间坐标，否则只能得出片面的结论。事实上，2000年以后，华为已经较少再直接提狼性。相比之下，"奋斗者"才是华为一贯的明确主张和正式表达，是对华为人本质的描述。

任正非本人明确提到狼性主要在2000年以前。一次是九十年代初期与美国咨询公司的交流，任正非称当时的跨国公司是大象，华为是老鼠，华为打不过大象，但是要有狼的精神，要有敏锐的嗅觉、强烈的竞争意识、团队合作和牺牲精神。另外一次是1998年任正非在《华为的红旗到底能打多久》的讲话中说到的："企业要发展就是要发展一批狼，狼有三大特性，一是敏锐的嗅觉，二是不屈不挠、奋不顾身的进取精神，三是群体奋斗。"这些赢在狼性的价值观建设处于华为一定历史时期。1998年，华为借助狼性实现了销售额从41亿至89亿的增长，也是从这一年开始，华为对如何才能赢得持续竞争优势有了新的和更本质的判断。

华为从成立至今都十分重视技术，与此同时，华为不认为仅仅依靠技术本身就可以获得胜利。1995年，任正非在"上海电话信息技术和业务管理研讨会"致谢词中就提出了"技术市场化"的概念。1997年，任正非在《资源是会枯竭的，唯有文化才能生生不息》的讲话中提出，要向用户服务中心学习。不过，为了在当时的环境中生存，华为仍将重心放在主攻销售的"狼性"上。九十年代中期以后，华为在国内的市场份额越来越大，其战略眼光和市场行动也开始向国际化转变，一个重要的事件是1997年年底任正非去美国学习，访问了休斯公司、IBM、贝尔实验室以及惠普公司。特别是在IBM的学习，促使华为做出了在初具规模后应当如何持续发展的新的判断。在1998年春天发表的文章《我们向美国人民学习什么》中，任正非指出需要学习IBM以客户价值为导向，指出"中国技术人员重功能开发，轻技术服务，外国公司一般都十分重视服务"，这种导向也体现在《华为基本法》的第二十六条当中："顾客价值观的演变趋势引导着我们的产品方向。"

在1998年夏天发表的《全心全意对产品负责，全心全意为客户服务》的讲话中，任正非对技术人员提出："我们一定要从对科研成果负责转变为对产品负责，要以全心全意对产品负责实现我们全心全意为顾客服务的华为企业宗旨。"此时，任正非已经将重心向"顾客价值驱动"转移，接下来华为在管理上的所有努力则是围绕如何将这一判断根植于每个华为人的思想中进行的，特别是对技术人员。这也是华为向IBM学习IPD的关键所在，华为自此一直保持着这种价值观。

2005年，任正非在《华为公司的核心价值观》中指出："真正认识到为客户服务是华为存在的惟一理由，真正认识到客户需求是华为发展的原动力。过去一味像宗教一样崇拜技术，导致了很多公司全面破产。技术在哪一个阶段是最有效、最有作用的呢？我们就是要去看清客户的需求，客户需要什么我们就做什么。华为的观点是，在产品技术创新上，华为要保持技术领先，但只能是领先竞争对手半步，领先三步就会成为'先烈'。明确将技术导向战略转为客户需求导向战略，通过对客户需求的分析，提出解决方案，以这些解决方案引导开发出低成本、高增值的产品。"在2008年成型的华为核心价值观体系中，"成就客户"被放置在了最为重要的位置。

"法治"：《华为基本法》落实价值观

华为在技术和人才方面表现出了强大的竞争力，但这些并非华为竞争力的本源。1997年，在题为《自强不息，荣辱与共，促进管理的进步》的讲话中，任正非指出："人才是企业的财富，技术是企业的财富，市场资源是企业的财富，而最大的财富是对人的能力的管理，这才是真正的财富"。1998年，在《狭路相逢勇者生》这篇文章中，任正非指出："我们真正战胜竞争对手的重要因素是管理与服务,并不完全是人才、技术与资金。上述三要素没有管理形不成力量,没有服务达不到目标"。在华为,比技术和人才本身更加重要的是管理,技术和人才之所以构成了华为的资本是因为华为通过管理实现了将华为价值观根植在每个华为人身上。对于价值观的管理成为华为竞争力的源泉。具体而言,华为采取的正是基于制度和流程的"法治"管理方式。

在"法治化"的管理方式中,华为的第一项管理实践就是制定《华为基本法》,将华为的管理理念以制度的形式体现出来,使之成为华为人明确的行动导向。长江商学院的项兵认为:"一部起草3年的《华为基本法》在1998年正式实施,这是中国第一部总结企业战略、价值观和经营管理原则的'企业宪法'和制度体系。任正非开始寻找建立世界级企业的制度保证,他希望通过学习《华为基本法》这种方式,能够将存在于自己大脑之中的价值观有效'移植'到新的管理层大脑之中。"

任正非制定《华为基本法》的初衷是要达到淡化其个人色彩的二次创业的目的,让所有的华为人都拥有华为的价值观。1996年,在《再论反骄破满,在思想上艰苦奋斗》的讲话中,任正非指出:"我们在进行第二次创业活动,从企业家管理向职业化管理过渡。我们正在进行《基本法》的起草工作,《基本法》是华为公司在宏观上引导企业中长期发展的纲领性文件,是华为公司全体员工的心理契约。要提升每一位华为人的胸怀和境界,提升对大事业和目标的追求。每个员工都要投入到《基本法》的起草与研讨中来，群策群力，达成共识，为华为的成长做出共同的承诺，达成公约，以指导未来的行动，使每一个有智慧、有热情的员工，能朝着共同的宏伟目标努力奋斗。使《基本法》融于每一个华为人的行为与习惯中。"

《华为基本法》用制度的形式体现了华为人应当具备的价值观念和行为准则。除此之外，与这些制度同等重要的是《华为基本法》的制定过程，因为这决定了制定《华为基本法》这种管理方式的有效性。制度本身和制定过程共同决定了华为价值观管理的成效。

基本法的起草人之一吴春波说："三年起草，是一个灌输、认同和信仰的过程，通过这三年的不断折腾，每条大家都已经烂熟了，如果三个月拿出来，恐怕就是另外一个结果。"在制定《华为基本法》时，任正非与起草人一同探讨了华为在过去、现在和将来成功的关键因素，希望将这些理念变成华为人共同认同的管理大纲。

1996年3月，中国人民大学的彭剑锋、吴春波、包政、黄卫伟、杨杜、孙建敏六位学者组成了华为管理大纲起草小组。起草小组一成立就驻扎在华为公司，与华为人一起研究起草管理大纲。经过一年多的写作，初稿完成，1996年12月26日，基本法第四讨论稿刊登在第45期《华为人》报上，任正非要求所有干部职工带回去读给家人听,回到公司后提出自己的意见和建议。经过1997年一年的讨论、修改,基本法修改到了第八稿。到最终1998年3月的定稿,基本法一共前后经历了10次删改。《华为基本法》从开始筹备到成稿的过程经历了3年,这一过程本身就是理念与时俱进的过程,也是理念深入人心的过程。

起草人之一彭剑锋对《华为基本法》的评价清晰地表达了基本法对于华为的意义。"将企业家个体的思维转化为组织的思维;将企业家个人对企业未来的前途、使命等的思维真正在企业内部达成共识。过去,企业发展、企业的未来等思想一直都在企业家一个人的脑子里,没有实现传递,使得上下之间不能沟通。《华为基本法》最大的作用,就是将高层的思维真正转化为大家能够看得到、摸得到的东西,使彼此之间能够达成共识,这是一个权力智慧化的过程。这是中国民营企业首次对自身未来成长和发展的基本命题所进行的系统思考,对中国民营企业的发展具有划时代的意义。《华为基本法》筹备、起草历时3年,经历了华为从1995年的800多人,到1998年近两万人的高速发展过程。从不足千人到近万人,如何同化,如何使其方向统一、步调一致,成为华为的重要问题。无疑,《华为基本法》在统一思想、凝聚员工等方面的作用不可估量。"

合力：集成产品开发贡献客户价值

《华为基本法》中包含许多"我们要"的条项，比如"我们必须达到和保持高于行业平均的增长速度和行业中主要竞争对手的增长速度。我们不单纯追求规模上的扩展，而是要使自己变得更优秀。"这些都可以看作华为"狼性"的体现，传递出华为的斗志，但是这种斗志要更有成效，就应该用在创造顾客价值上。因此，在基本法之后，华为进行了第二项管理实践，将职能流程化，特别是针对技术人员已经习惯的以自我为中心的价值观。流程化使问题得到了根本的解决。

这时候，已经创业10年的华为也越加正规化了，在行动上变得越来越讲求章法，并且是讲求有效率的章法。华为既尊重流程，讲求团队作战，又在消除过程中可能的损耗与浪费。根本就是要聚焦顾客价值，与此无关的即为损耗。因此，最重要的是，聚焦客户中心的价值观，把这种观念真正转化为华为人的行动，避免行动中的效率浪费。

华为的职能流程化管理经历了三个重要的阶段。第一个阶段是任正非1998年提出"职务轮换"，职能流程化管理萌芽。第二个阶段是"IPD流程管理"，IPD是华为从组织上确立顾客导向策略的标志性的一步。IBM作为外部专家进入华为来帮助其梳理流程，以1999年正式启动IPD为起点，华为的职能流程化开启最为关键的时期，此后可以看作是华为职能流程化的成型阶段。第三个阶段是"矩阵式结构"的建设，开始于2004年华为邀请美世提供管理咨询，这一阶段可以视作华为职能流程化的成熟阶段。

1998年，在《华为的红旗到底能打多久》的讲话中，任正非指出："研发人员去搞中试、生产、服务，使他们真正理解什么叫作商品，那么他才能成为高层资深技术人员。"因此，为了避免研发人员只追求技术先进而缺乏对市场的感觉，每年研发部门必须安排5%的研发人员转到市场，同时有一定比例的市场人员转到研发部门。

集成产品开发（IPD）是一种对产品及其相关流程进行整合再造的系统方法，其重要特征是，整个流程中一贯强调顾客需要的优先性，追求顾客满意。IPD实际上是IBM在5年管理实践的基础上总结出来的方法论。20世纪90年代初期，郭士纳推行的这一管理实践让拥有技术但管理混乱的IBM重新变得富有成效，完成了IBM从技术向市场的转变。1997年底，任正非参观了IBM后决定在华为推行IPD流程管理。1998年初，华为着手设计并自己摸索实施IPD，但是由于自己设计的IPD方案考虑不周，流程在实际运行中有诸多不合理之处并遭遇失败。1999年初，由IBM作为咨询方设计的IPD变革在华为正式启动，华为成为国内第一家引进和实施IPD的企业。

根据 IBM 咨询的方法，华为 IPD 项目划分为关注、发明和推行三个阶段。在关注阶段，进行大量的"松土"工作，即在调研诊断的基础上，组织反复的培训、研讨和沟通，使相关部门和人员真正理解 IPD 的思想和方法。发明阶段的主要任务是方案的设计和选取 3 个试点。推广阶段是逐步展开的，先在 50% 的项目中推广，然后扩大到 80% 的项目，最后推广到所有的项目。最终，IPD 让华为从技术驱动转向了顾客驱动，改变了华为人的价值观念和做事方式。技术人员不再以自我为中心，而转变为以顾客为中心，技术人员与市场人员一起以团队工作的方式来解决顾客的问题。

华为早在 1998 年《华为基本法》中的第四十八条就对"矩阵结构的演进"做了说明："当按职能专业化原则划分的部门与按对象专业化原则划分的部门交叉运作时，就在组织上形成了矩阵结构。公司组织的矩阵结构，是一个不断适应战略和环境变化，从原有的平衡到不平衡，再到新的平衡的动态演进过程。不打破原有的平衡，就不能抓住机会，快速发展；不建立新的平衡，就会给公司组织运作造成长期的不确定性，削弱责任建立的基础。"

此外，华为不仅仅重视技术和营销，更确保与顾客价值相关的整个活动流程，保证每个点都能释放出应该创造的顾客价值。任正非 2001 年在《华为的冬天》一文中说："有人说我搞研发创新很厉害，但创新的价值如何体现？创新必须通过转化变成商品，才能产生价值。我们重视技术、重视营销，这一点我不反对，但每一个链条都是很重要的。研发相对用服来说，同等级别的一个用服工程师可能要比研发人员的综合处理能力还强一些。所以，如果我们对售后服务体系不给认同，那么这个体系就永远不是由优秀的人来组成的。不是由优秀的人来组织，就是高成本的组织。"

■ 在顾客导向的组织结构中成长

这里需要点明的很重要的一点是，结构实际上是可以表明重要性的。通俗地说，如果你说你很重要，但是我们在组织结构上找不到你，或者说你所在的部分被冷落，那就不能算很重要。这是最直观的表达。结构中的每一个部分应该按照其重要性来显现，这也是结构追随战略的基本原理，结构的设计实际上体现了一个组织的战略思路。如果懂得这一点，看结构的时候看到的就不只是结构，还能看出一个组织的战略思考，这就是结构中的门道。我们在战略上提倡客户重要，就要把结构调成客户导向的组织。海尔采用的是倒三角、划小业务单元、人单合一、人人都是CEO、小微创业等方式。华为则没有这么多先进的概念表达，就是展现了流程和矩阵的基本功，就是用实践来检验，就是看贡献：有贡献或贡献大就被重视，不让做出贡献的奋斗者吃亏；相反，贡献小或没贡献，也不应该出现在流程或结构当中。

华为面对现实，每一步的调整实际上都遵循了最为基本而非花哨的规律。在结构的调整上，没有大幅度地一次性革新，而是逐渐演化，从 IPD 开始一点点改造组织。至于为什么这样，原因也很简单，用最接地气的话来说，就是人们一下子接受不了，不论是从能力还是意愿上。所以，做管理也得接受这样的现实，找到突破口，一点点来做。华为在文化规则的建立上也是如此，《华为基本法》历时 3 年逐渐形成和渗透，这个时间既孕育和保障了"法"的成熟，也促进和加深了人的消化。切中关键点，而不走形式。

很多企业试图通过调整结构来解决问题，但总是不奏效，问题恰在此处。一听说某个结构好，上来就用是不行的，其实应先问两个问题。一是这个结构和我的战略是否相匹配，即是否符合我的实际需求和情况？一个小企业如果用了大结构，实际上是一种伤害，是成本的负担，因为业务或业绩还没有发展到相应的地步；相反，一个大企业用了小结构，比如过度集权的结构，也支撑不起目前的发展，或者撑不了多久，因为架子不够。二是我为这个结构做了哪些准备或者铺垫，从而让这个结构可以真正落地成型，而不是半路甚至从一开始就被打散？即便这个结构适合，也不要一步到位，试图一下子就调过来。事实上，一下子是调不过来的，否则，只是从图形上调过来了，人的意愿和能力没有跟着过来也没有用。甚至，有时候你的资源都不一定够用，因为结构是要用资源来填的。当然，如果一开始自己的实际情况已经很接近目标结构，就容易调过来。但整体的原则是，结构得一步步来做，盖楼得踏实。从这个角度来看，任何结构，包括矩阵结构，实际上都是"长"出来的，不是一下子就调过来的，不能拔苗助长，不能急于求成，而要水到渠成。

华为就是从IPD开始，推动组织结构逐步演化，业务和技术相继显现出来之后，如任正非所说，有重要贡献的用户服务也要显现出来，进而让整个有价值贡献的平台逐渐显现出来。这是一个有主观管理但是又符合生长的客观规律的演化路径。这时候我们也懂得IBM的高明了。回看IBM在华为对IPD的启动，一方面，任正非充分信任和尊重IBM这位老师，另一方面，IBM也是小心翼翼，先花很长时间让大家理解自己的工作和方法，之后进行试点，慢慢铺开，进而完成了双方的完美合作。

华为做得很厉害的一个地方在于，不断让真正贡献顾客价值的部分呈现出来，实事求是，并且最终把相关的价值贡献点放在一个起跑线上，不分尊卑，统一用对顾客价值的贡献来评价。这种在结构上的显示度让人才愿意到不同的岗位上，不论是前线的营销、技术或服务岗位，还是后台的运行支撑岗位。这就是矩阵结构的精髓，所有岗位聚焦于业务或项目，并且服务的方向非常明确——创造顾客价值，考察业务或项目的顾客价值贡献度。而这样做的重要结果是，每个人都从市场上打拼回来，每个人不会远离市场，不会远离顾客，能够感受到在创造顾客价值时彼此的依赖。这样的组织生存力就强，这样的组织就不会大而臃肿，这样的组织和人的适应性都会更好。

对创造顾客价值的贡献也代表了对组织的价值贡献，因为这是组织或团队整体的目标，是大家一致的目的。所以，对每个人的评价，应该归结到对创造顾客价值的贡献上来。举例来说，交付，或客服解决完顾客的问题，是不是就没事了？按照传统的职能结构或职能分工，这时候本职工作的确已经完成了。但是，如果在流程中来看，这样就还不够，还应该总结出其中的问题或经验方法（比如产品质量哪里需要改进）并将这种信息或知识传递给（告诉）相关的研发或业务同事。这时候对创造顾客价值的贡献会更大，因为解决的问题更根本，对整个组织或流程整体的价值贡献就更大。这就是流程和矩阵结构的好处，也是华为在面对客户时组建三角团队的协作逻辑。在面向顾客的流程当中，大家统一以顾客为中心，全部消除以自我为中心，既减少了内耗，又让信息传输从闭塞变得流畅，会促成极大的效率进步和品质改善。

回到顾客价值，个人目标和组织目标也因此变得更加一致。这正是可以形成组织合力的前提条件，组织要有共同目标，才是一个合作系统，不论是个体与个体之间，还是个体与组织之间，都因共同的目标而形成合力。

回到顾客价值还有一个附带的重要好处，内部人员可以相互流动，因为有统一的评价标准——都是从创造顾客价值的角度来评判。比如，一个人在研发上走到某一个等级，或者在业务、客户服务上走到某一个等级，根本上都是在顾客价值的贡献上达到了某一个等级。基于统一评价标准的流程不仅在打破组织僵化，也在促进组织公平。这种组织内部的灵活性也是因为个体有更强的适应性，因为自己要适应或满足、创造客户的不同业务需求而得以生存。因此，从某种程度上讲，这种组织内部的灵活性也是内部的一种市场化，是市场经济的活力体现。

2004年，华为邀请美世咨询公司对华为的组织结构进行调整，从以往按照部门设立的职能型组织转变成为流程型组织。华为将组织结构正式调整为矩阵式结构，正式从结构上确保了华为人的一切行动都源于创造顾客价值的价值观。当然，这些还是以前期IBM的多年辅导和华为自身的渐进发展为基础，实际上是水到渠成的。

■ **流程要顾客导向，否则也会复杂**

时至今日，华为的整体结构依然是以客户为导向，这里可以有一个最简单又是最本质的判断方法，那就是华为的业务是按照所服务的客户来命名的：运营商业务、消费者业务、企业业务。今天华为的又一个重要增长点云计算也归属于企业业务。华为的职能平台是为这些客户导向的业务来服务的，这就是基本的矩阵结构。对组织整体或者对更大、更多业务的企业来说，各职能服务的是一个又一个的业务；对较小、业务单一的企业，或者具体到某一个业务上来说，各职能服务的是一个又一个的项目。而最重要的是，不论是宏观还是微观，业务和项目必须以顾客为导向。

尽管看起来矩阵结构已经打破了职能结构的各自为政，但是矩阵结构依然是有弊端的，弄不好也容易闹矛盾，并且是不必要和没价值的矛盾。比如，一个项目的组建，其人员可能来自各职能部门，那么这个人可能就有了两个上司，那听谁的呢？当然，也许有的企业已经不存在这样的问题，个人也不会面对这种纠结的情况。但是，如果有，整体的原则应该是，听顾客的，包括人员评价也是要看这一点。这一定是核心，是解决一切矛盾和冲突的根本点和出发点，是大家花时间讨论的焦点。脱离了这个核心，矛盾或内耗会更大。这不是说让员工和项目主管或职能主管唱反调，而是让员工和各主管步调一致，以顾客凝聚合力。

客户价值为华为的奋斗者文化指明了方向。以客户为中心最大的好处是消除复杂性，尤其是对于大组织而言，对于处在复杂环境中的个体（不论是企业还是个人）而言。不论环境多复杂，不论在问题面前用作解释的理由多么丰富，用客户价值来简化，剔除无关因素，重点和根本就会浮现出来。当然，也不是说回到客户中心大家就没有争议了，就不需要讨论了，就可以一下子解决所有问题了，而是说这样效率更高，因为这剔除了不必要的浪费与损耗，也降低了人们内心纠结的成本与心理活动的复杂程度。回归客户价值，就是回归简单，让不同的人找到相同之处，并且是回到根源。化繁为简，聚焦客户，保持不乱，这是极简管理的艺术。

历史的插叙

文化的布道

不论任何组织,文化的打造总是离不开布道者。华为最基本的价值观来自于公司的创始人任正非,30多年来任正非充分利用了与员工接触的机会,如各种讲话以及内刊《华为人》报这一重要平台,将"华为人应当是一个奋斗者"的价值观传递给华为员工。

2008年,华为将公司的核心价值观确定为"成就客户、艰苦奋斗、自我批评、开放进取、至诚守信、团队合作",这些价值观的确定是基于对一个更为根本的问题的一致判断:华为人应当是奋斗者。华为的核心价值观经历了一个逐渐形成的过程,而"奋斗者"从一开始就是华为所倡导的。为了让组织的核心价值观根植于每个华为人身上,华为保持了最为基本的文化管理方式:不断地向员工传递这些价值观。总裁任正非坚持在与员工的接触中反复表达这些价值观的重要性,华为创立了《华为人》报这样一个传递组织价值观的平台。任正非历年在《华为人》报上发表的文章以及在各种场合的讲话印证了华为组织价值观不断成型的过程,而这一历程正是华为向个人渗透组织价值观的过程。

1997年,在《不要忘记英雄》的讲话中,任正非强调:"我们会不断地改善物质条件,但是艰苦奋斗的工作作风不可忘记,忘记过去就意味着背叛。我们永远强调在思想上艰苦奋斗。思想上艰苦奋斗与身体上艰苦奋斗的不同点在于：思想上艰苦奋斗是勤于动脑，身体上艰苦奋斗只是手脚勤快。我们要提拔重用那些认同我们的价值观，又能产生效益的干部。我们要劝退那些不认同我们的价值观，又不能创造效益的人，除非他们迅速转变。"

1998年，在《华为的红旗到底能打多久》的讲话中，任正非指出："一个企业怎样才能长治久安，这是古往今来最大的一个问题，华为在这个问题上，主要研究了推动华为前进的主要动力是什么，怎么使这些动力能长期稳定运行，而又不断自我优化。大家越来越明白，促使核动力、油动力、煤动力、电动力、沼气动力……一同努力的原动力是企业的核心价值观。这些核心价值观要被接班人所认同，同时接班人要有自我批判能力，接班人是用核心价值观约束、塑造出来的，这样才能使企业长治久安。接班人是广义的，不是高层领导者下台就会产生个接班人，而是每时每刻都在发生的过程，每件事、每个岗位、每条流程都有这种交替行为，改进、改良、不断优化的行为，我们要使每个岗位都有接班人，接班人都要承认这个核心价值观。我们必须以客户的价值观为导向，以客户满意度为标准，公司的一切行为都是以客户的满意程度作为评价依据，客户的价值观是通过统计、归纳、分析得出的，并通过与客户交流，最后得出确认结果，成为公司努力的方向。"

以这种方式进行文化管理并非华为总裁任正非一个人的责任。1998年，在《要从必然王国，走向自由王国》的文章中任正非就提出了"要淡化企业家的个人色彩"的观点，这一变化也体现在《华为人》

报当中。2002年以前，几乎每一期的《华为人》报的报眼位置都会有任正非的一段讲话"总裁语录"，而任正非也都是以个人的名义在《华为人》报上刊发文章，从2003年以后，"总裁语录"这一栏目渐渐取消，并且于2006年刊登了一篇关于华为核心价值观的重要文章《天道酬勤》。这篇文章的作者不再是任正非个人，而是由华为党委与人力资源委员会联合撰写，文中写道，"华为正处在一个关键的发展时期，我们已经连续数年大量招收新员工，壮大队伍。新员工进入华为，第一眼看到的、处处感受到的就是华为的艰苦奋斗。一些人对此感到不理解。他们会提出这样的问题：华为为什么要艰苦奋斗？回答这个问题涉及另一个根本的问题，那就是：华为为什么能活到今天？华为将来靠什么活下去？"，并从五个方面给予了回答，"第一，不奋斗，华为就没有出路；第二，公司高层管理团队和全体员工的共同付出和艰苦奋斗铸就了华为；第三，虔诚地服务客户是华为存在的唯一理由；第四，天道酬勤，幸福的生活要靠劳动来创造；第五，戒骄戒躁，继续艰苦奋斗"。

下表汇总了从任正非个人"布道"开始到有标志性的集体"布道"前后部分具有代表性的文章或讲话。事实上，数十年过去，这些声音依然"余音绕梁"，耐人寻味，文化作为精神力量生生不息。

任正非有代表性的文章与讲话汇总（1994—2010 年）

时间	文章 / 主题	说明
1994.12.25	致新员工书	《华为人》报，刊号 011
1996.5.2	反骄破满，在思想上艰苦奋斗	《华为人》报，刊号 028
1996.7.18	再论反骄破满，在思想上艰苦奋斗	任正非在市场庆功及科研成果表彰大会上的讲话
1996.12.13	坚持顾客导向，同步世界潮流	《华为人》报，刊号 038
1997.1.30	不要忘记英雄	在来自市场前线汇报会上的讲话
1997.3.20	资源是会枯竭的，唯有文化才能生生不息	在春节慰问团及用服中心工作汇报会上的讲话
1997.4.10	自强不息，荣辱与共，促进管理的进步	在机关干部下基层，走与生产实践相结合道路欢送会上的讲话
1998.2.20	我们向美国人民学习什么	《华为人》报，刊号 063
1998.2.28	狭路相逢勇者生	《华为人》报，刊号 064
1998.4.6	要从必然王国，走向自由王国	《华为人》报，刊号 066
1998.7.27	华为的红旗到底能打多久	向中国电信调研团的汇报以及在联通总部与处以上干部座谈会上的发言
1998.8.7	全心全意对产品负责，全心全意为客户服务	在欢送华为电气研发人员去生产用服锻炼酒会上的讲话
1998.9.28	不做昙花一现的英雄	《华为人》报，刊号 075
1998.11.20	在自我批判中进步	在 GSM 鉴定会后答谢词
2000.7.20	创新是华为发展的不竭动力	《华为人》报，刊号 107
2001.2.17	华为的冬天	华为内刊《管理优化》，2001 年管理十大要点
2001.2.25	我的父亲母亲	《华为人》报，刊号 114
2001.6.29	北国之春	《华为人》报，刊号 118
2002	迎接挑战，苦练内功，迎接春天的到来	任正非在华为 2001 年年会员工的讲话
2003.5.26	产品发展的路标是顾客需求导向，企业管理的目标是流程化的组织建设	任正非在 PIRB 产品路标规划评审会议上的讲话
2005.4.28	华为公司的核心价值观	任正非广东省委中心组举行"广东学习论坛"第十六期报告会上的专题报告
2006.7.21	天道酬勤	《华为人》报，刊号 178，公司党委与人力资源委员会联合撰写
2008.7.15	逐步加深理解"以客户为中心，以奋斗者为本"的企业文化	任正非在市场部年中大会上的讲话纪要
2009.4.24	深淘滩，低作堰	任正非在以"奋斗、服务、职业化"为主题的运作与交付体系奋斗贡献表彰大会上的讲话
2010.1.1	没什么能阻挡前进	任正非 2010 年新年致辞

资料来源：刘祯，陈春花. 顾客价值驱动的个人与组织契合：华为带给中国企业持续成长的启示 [A]. 席酉民. 第三届"管理学在中国"学术研讨会论文集 [C]. Irvine：Scientific Research Publishing，2010.

04

自我进化

对于情商这个词，人们更多了解的是人际关系，如果知道人际关系和情商在管理学中的来龙去脉，就会知道，情商的基础实际上是自我管理。20世纪20年代，心理学家梅奥开始关注工业中的人的问题，探究是什么在影响工人的效率。在工作条件的硬件因素之外，他发现了内在的心理因素，即一个人的情绪会影响其工作绩效，与此同时，人的情绪又会受到周遭关系的影响，于是有了人际关系学说，这就形成了从关系到心理到行为的基本逻辑，这个逻辑奠定了组织行为和人力资源管理研究的基本框架。

情商是相对智商来说的，两者之于个体的基本规律在于，对于个体的成功来说，智力因素只是冰山一角，真正暗藏的巨大因素实际上是一个人的情商。事实上，人和人的智商相差不了多少，即便有差别，也并不会起到决定性的作用，因为更大的因素在于情商。

如果可以用一把"尺子"来测量情绪智力，那么就会看到自己的不足和前进的方向。简化起来，测量一个人的情绪智力，可以通过考察以下 5 个方面。

能不能意识到自己的情绪变化并让自己走出低落的情绪？
对于工作是否有清晰的计划并可以付出行动？
能否鼓励自己对目标持之以恒？
是否懂得倾听和理解他人的需要？
是否能够和不同的人找到共同语言？

这 5 个问题正是代表了情商的五个方面：自我认知、自我管理、自我激励、同理心、社交能力。

乔布斯：在"入世"中进化

自我管理不可避免的难题，实际上是陷入自我，以自我为中心。事实上，如果没有组织，这个问题也许不会凸显。难题在于，一个人可能有自己的坚持，并且十分坚持自己的认知，但是这个认知和组织是冲突的。由此，个人与组织在目标、价值观上出现了不一致，这是非常大的内耗，这时候可能因为"自我"把自己伤害，组织也得不到绩效，这成为组织管理最后的难题。事实上，当"组织"这个词出现的时候，自我管理就不再是自己一个人的事情，而是涉及个人和组织双方的事情。从本质上讲，自我管理从来不应该只是和自己相关，而是要兼顾自己所处的环境，让自己能够和环境融合在一起。这就需要个人的调整，这也是物种起源和进化的基础逻辑；否则，就活不下去。

个人与组织契合

把相同的鸟放在不同的岛上，它们要么死掉，要么活下来，而活下来的鸟又变得各不相同，不再是原来的样子。当中蕴含了两个本质规律：一是适者生存，不能适应环境的鸟都没能活下来；二是物种随环境进化，起初一样的鸟最后变得不同，因为它们要跟不同的环境匹配，所以自己发生了变化——有的岛屿上面昆虫多，鸟为了吃到食物，让自己活下来，就必须努力飞得更快，有的岛屿上面坚果多一些，就得努力让牙齿变得锋利。最后这些活下来的鸟也就有了不同的样子，形成了不同的物种。这就是物种的起源。

一个人为了在环境中生存而做出适应性的行为，包括坚持和变化，这种行为是真正的自我管理，而适应过程必然是痛苦的。

人类再强大，也要在自然当中生长，要尊重和适应所处的自然环境。同样，一个人再强大，也是在组织中生长的。由此，自我管理除了个人的坚持以外，还包括为了实现个人与环境契合、与组织契合而进行的适应性调整和改变。事实上，相比更大的环境，组织和个人一样，也是个体，所以，组织同样需要不断地适应外部环境，再大的企业都不可能自我到不关注顾客价值和社会价值。个人与环境契合（Person-Environment Fit, P-E Fit）、个人与组织契合（Person-Organization Fit, P-O Fit），都是组织行为学的重要概念，尤其是后者，更能指引个体在组织中做出适应性改变。这是一种积极的"入世"观，人要学习融入组织和环境，融入这个世界，才能生存。这就需要人有一定的柔性。从这个角度看，有时候一个人坚持过去的习性反而容易，难的是做出适应性的改变。不过，这不意味着个体失去准则，失去底线，人在任何时候都要遵纪守法。

当然，个人与组织契合，既然是双方的事情，就不能只对个人提要求，组织也要有所作为，如文化管理中规则的订立、宣贯与考核。任何文化当中都有布道者，不论是社会、国家，还是企业，甚至有时候一个布道者抵得上千军万马的力量。华为不仅仅有《华为基本法》，更重要的是，任正非常年为华为人撰写文章、发表讲话，内容发表在诸如《华为人》报的内刊平台上，而论述华为精神的标志性文章《天道酬勤》更是其高层管理团队的集体撰文布道，这些持续的努力让华为的奋斗者精神更加深入人心。此外，《华为基本法》的制定本身就是一个制定与宣贯并行的过程，其从起草到生成历时三年，过程中员工不断阅读，在无形中推进了个人与组织的融合。所以，组织要肯付出这些时间和精力，这也是文化管理中有价值的成本投入。

阿里巴巴学习了韦尔奇在通用电气对人员的分类，用能力和价值观将人员分为四类：有的人能力强但价值观与公司的不一致，就像是未被驯服的野兽；有的人与公司价值观一致但能力不强，只是听话的小白兔；两方面皆不行的，落入末位淘汰；而阿里人是两方面都行的人，这就是个人与组织的契合。为此，阿里巴巴进行业绩和价值观的双考核，以此驱动和保障这种契合。当然，和任正非一样，马云在阿里巴巴时也是不停地布道，撰写了大量的文章，并在各种重要场合尤其是公司成立周年时重点阐述价值观。

促成个人与组织的契合，除了组织在文化管理上投入的成本之外，在组织管理本身也要有所作为和表示。组织绝不能要求个体一味地投入和奉献，而不给相应的回报，不满足个体成长的愿望。这时，个人与组织亦不会契合，因此，组织需要促成真正的合作，让个体也真正受益。刘永好在新希望行事低调，相比任正非和马云，其或许并不被大众熟知，但其创立的组织却非常持久，离不开他始终倡导的合作精神，他愿意为年轻人搭建舞台，知道自己应该在什么时候退出，把平台和机会留给更多人。组织要成为个人展现自我的舞台，才能留得住人心，才能激发出人的活力。

个体对组织的认知

不论是组织管理还是文化管理，于个人而言终究是外部行为，若要与组织契合，最终还要回到自己的认知上。其中的核心，是个人对组织的认知，尤其是对组织重要性的认知。坦白说，在当今这个年代，特别是对于许多年轻的朋友来说，有必要对此有所了解，这样对自己更为有利。对个人而言，如果意识不到组织的重要性，在做事情的时候很可能出现无力感；同时，不论是作为创业者还是一般工作人员，也很难有大的作为。组织对个人而言很重要，有以下四点原因。

首先，组织是一个人生存与价值实现的载体。组织之于个人最基本但也是最高的意义在于，个人存在于组织当中。我们的生存离不开组织，我们需要在组织当中工作或者说劳动，以此谋生，以此实现自己的人生价值和梦想。组织实际上是个体的存在环境。

其次，借助组织，我们可以完成作为独立个体时做不成的事情。一个人的力量不论多大，终究是有限的。想想愚公移山的故事，愚公知道一个人做不成这件事情，但是他的信心来自于一村子的人，如果还不够，还有这些人的无数后代呢。这就是组织的意义，也是组织可以帮助个人实现梦想的原因。在这一点上，相信有更多经验的人或者在不同组织中工作过的人更有感触。有的时候一个人觉得自己很厉害，可以办成很大的事情，可是换了一个组织后就发现自己没那么大的能耐了，这时候才意识到个人的局限，过去不完全是自己强，能力有相当一部分来自组织的赋予。当然，一个人也可能换了一个组织之后变得更为强大，这也反映了组织的力量，这时候要特别提醒自己组织的重要性，而不要以为自己无所不能。

再次，一个人通常要在组织中历练才能不断走向成熟。如果一个人在一家很优秀的企业里工作了10年甚至更长时间，这段经历就会成为一笔非常宝贵的财富。因为组织提供给人历练和成长的空间，人在组织当中可以锻炼工作能力，学会担当责任，学会与人合作，可以开拓自己的视野，见证组织如何成长，会养成很多优秀的习惯。所以，人在为组织做贡献的同时，组织会在人身上留下印记，会塑造人的行为，改造人的"基因"。

最后，组织的寿命可以比人长。百余岁是当下人的寿命的上限，但是百年企业目前却比较常见。这是组织相对于人的生理优势，但前提是，创造者或者领导者重视组织多过重视自己，重视发展他人多过重视个人私利，非常理性地重用年轻人而不受资历和情感的干扰，甚至要果敢地让自己退出这个舞台。这的确是组织发展中的一个规律，一个成熟的组织是不能完全依赖于一个人的，否则，这个人不在了，组织就不再了。从这个角度来看，组织并不依赖于某个人，通俗地说，离开谁都能转才可能是好的组织。长寿的组织一定是可以依靠文化和变化、制度和和流程，让一代又一代的各路人马在组织当中不停地运转。如果组织是一块手表，文化和机制则是机芯。

乔布斯的"入世"柔学

实际上，个体的局限与合作的力量会形成鲜明的对照。当个性与组织相遇，个性适度削弱才能与组织融合，集结起合力。

在自我管理上，除了内在的韧性之外，还要拥有柔性。儒家思想提醒我们入世，道家思想提示我们刚柔并济，甚至柔可胜刚。在佛学的体系中，也提倡人是需要入世修行的，将一个有强烈自我意识的自己嵌入环境当中，完成自我蜕变，其间的锤炼、承受、学习、成长都是进化的历程。

一个真正的强者实际上是懂得示弱的。示弱并非放弃自强不息，而是认知到自己的局限，客观地削弱自己的个性，进而借助合作的力量完成自己一个人做不成的事情，这时的自己和合作者才可以变得更强大。自我管理本质上讲是管理自己"后天"的作为，经过沉淀，方能厚积薄发，有所作为。一个人也是在这样的过程中一点点地认知和进步的。如同华为所主张的，伟大的背后都是苦难。只不过，有时候我们可能没有看到背后，而只是把注意力的焦点放在个体的光芒四射上，而忽略了光源。

■ 自我进化：在挫折中变成熟

一个人陷入自我，就可能固执己见，不那么清醒，一方面在战略上有所忽略，另一方面会忽略合作。入世可以敲醒梦中人，但代价是经历敲打，打碎自我。我们被世界唤醒时，才拥有世界观。做到"无我"，才真正"有我"。从自我到无我，亦是一个人从不成熟到成熟的过程。这正是"天才"乔布斯的成长之路。

事实上，相比IBM，苹果电脑公司是更早开展个人电脑业务的公司，上世纪七十年代，"蓝色巨人"IBM还在主攻商用电脑。1976年，苹果第一代电脑问世，售价666美元，第一代电脑总共获得了77.4万美元的销售额。1978年至1983年，苹果电脑公司的销售额平均每年增长150%。1981年，IBM推出了第一台个人电脑，运用的是微软的"MS-DOS"系统，并且只用两年IBM个人电脑业务的销售额就超过了苹果电脑公司，成为个人电脑市场上的霸主。1982年，苹果的电脑销量为27.9万台，IBM为24万台；1983年，苹果售出42万台电脑，IBM销售130万台，《商业周刊》也以"个人电脑之战的赢家是IBM"为标题发文，宣告了这场战役的结束。当然，乔布斯非常不甘心，于是，1984年，苹果电脑公司推出Mac应战。

虽然苹果电脑公司1984年的超级碗广告在美国引起了轰动，让人们见识到Mac电脑的野心，但是依然是雷声大，雨点小。IBM的强大基础加上新秀微软的加持，苹果电脑公司并没有撼动"旧时代"的统治者。1985年6月28日,苹果电脑公司发布公告,其自创立以来首次出现季度亏损,亏损1720万美元,电脑销量比上年同期下降11%。

事实上,比这个数据更大的影响是,苹果电脑公司错过了美国个人电脑市场增长的黄金期。美国个人电脑的市场规模1982年为300万台,1984年为670万台,1986年为690万台,1988年为870万台,1990年为950万台,1991年增长开始停滞,仍为950万台,1992年至1998年平均增长22.8%,最高涨幅为32.2%,最低涨幅为15.2%,增长呈下滑趋势。这组数据解释了乔布斯在个人电脑业务上的遗憾:错过了1982年至1984年的机遇。尽管自己较早进入个人电脑市场,但在这个黄金期的赢家却是IBM和微软。当然,这组数据也从一定程度上解释了IBM为什么从九十年代开始向服务转型,也能解释乔布斯回归苹果后把"苹果电脑公司"更名为"苹果公司"的原因。没有吃上如此巨大的"蛋糕",是苹果电脑公司董事会对乔布斯不满的重要原因。

1985年9月17日,乔布斯卸任苹果电脑公司董事长,离开了自己创立的公司。在离开时,乔布斯在给除他以外的最大股东马库拉的信中写道:"苹果公司的一些代表曾说,他们害怕我把苹果公司的技术应用到我新创建的公司。这种担心是毫无根据的。如果说这种担心是苹果公司敌视新公司的理由,那么我能消除这方面的顾虑。"自此,乔布斯开启了不一样的创新之路,离开了与苹果电脑公司的竞争，开辟出自己的新事业。

乔布斯把目光对准了好莱坞市场，并且聚焦于动画领域，为此寻求合作。当时卢卡斯导演的《星球大战》系列电影获得了巨大成功：《星球大战4：新希望》（1977年）、《星球大战5：帝国反击战》（1980年）、《星球大战6：绝地归来》（1983年）全球票房（含重映）分别为7.754亿美元、5.383亿美元、4.751亿美元；三部电影上市当年的美国本土票房分别高达3.073亿美元、2.094亿美元、2.526亿美元；而三部电影的投资分别为1100万美元、1800万美元、3250万美元。乔布斯关注到其中的特效技术要素。1986年，乔布斯用1000万美元的价格收购了卢卡斯的电脑动画团队，包括其人员、电脑、软件。

1986年，乔布斯又创建了两家公司。一个是电脑公司，名为NeXT；另外一个是电脑特效公司，以收购的卢卡斯电脑动画团队为基础，公司名为Pixar（皮克斯），包含像素"Pixel"这个技术要素，这就是非常成功的皮克斯动画工作室的缘起。皮克斯于2006年被迪士尼以74亿美元收购。此外，乔布斯还协同了两家公司的优势，创建了皮克斯动画设计电脑。1995年，皮克斯与迪士尼合作的电影《玩具总动员》上映，影片投资3000万美元，全球票房3.944亿美元（不计重映票房2.447亿美元），并且以1.918亿美元的票房成为当年美国本土票房冠军。《玩具总动员》为特效动画电影打开了良好的局面。这个时候，距离乔布斯离开苹果电脑公司已经有 10 年。

在乔布斯离开苹果电脑公司的这段时间，苹果电脑公司在 IBM 和微软的包夹之下寸步难行，再加上惠普、康柏等电脑公司的成长，其市场份额持续下降。1993 年，苹果电脑公司市场份额下降至 8%，乔布斯 1983 年请来的 CEO 斯卡利也被解聘，其曾于 1977 年至 1983 年任百事公司总裁。1996 年 12 月，苹果电脑公司以 4.3 亿美元收购了乔布斯的 NeXT 电脑公司，以这样的方式请乔布斯回归，此时苹果电脑公司的市场份额只有 5%，1996 年亏损 7.42 亿美元。

1997 年 9 月，乔布斯重新被任命为 CEO。如果以这个时点来算，1985 年 9 月至 1997 年 9 月，从乔布斯离开到重回苹果任 CEO，时隔 12 年。作为对照，2000 年，苹果电脑公司销售额为 79.8 亿美元，利润为 7.86 亿美元；2007 年，"苹果电脑公司"改名为"苹果公司"；2011 年 10 月，乔布斯去世，同年苹果公司的销售额为 652.25 亿，利润为 140.13 亿美元；2020 年，苹果公司销售额为 2745.15 亿美元，利润为 574.11 亿美元。这就是苹果公司用 20 多年在蜕变与积累中的持续成长。尽管几乎所有人都知道苹果公司的成功是因为创新，或者说是因为乔布斯的创新，但是，更准确地说，真正的原因是乔布斯的成长。

■ **认知自我局限，请会做的人做自己不会的事**

12 年之后，当再度执掌苹果电脑公司时，乔布斯在外的摸爬滚打让他变得更加成熟。乔布斯变了，有了重大成长，所以，苹果电脑公司将迎来真正的改变，实现重要成长。

变化发生在哪里呢？当然，一个个创新的产品是众所周知的。很多人把乔布斯描绘得很神奇，感性、充满创造力，这的确是乔布斯一直保有的特质，一如他的座右铭"活着就要改变世界"。但是，从本质讲，卷土重来的乔布斯最根本的变化是更加理性。而他更加成熟的地方在于，他不再是凭借一腔热血单打独斗的热血青年，也许是因为被 IBM 和微软联手打败，也许是因为自己在后续的创业过程中借助合作获得了新的生命力，这时候的乔布斯拥有了更强的组织能力，真正懂得不断集合力量。他知道当然要尊重顾客，要有可以让顾客眼前一亮的创新产品，但是必须做好两项工作，一是市场渠道，二是内部运营。于是，除了研发产品之外，乔布斯还做了两件重要事情，而这些事情亦是支撑苹果公司复活的关键：一是做零售；二是加强供应链管理。前者会贴近顾客，促进公司收入；后者则在保证整个生产效率，也是重要的利润源。

很多人会去逛苹果公司的零售店，注意力大多放在一个个产品上面，但是，不妨想想，苹果公司也是自己的零售商，是贴近顾客的渠道。做零售是苹果公司迈向市场的有战略性意义的一步。因为零售，苹果公司更好地与顾客建立了连接。再度归来的乔布斯已不是当年莽撞地拿着 Mac "大锤"去砸 IBM 的感性小伙子了。

1984年的苹果电脑广告让人热血沸腾，但那只是广告。现在的乔布斯已经非常清楚，不能靠广告，也不能只有产品，必须建设让产品通向顾客的渠道。乔布斯知道专业零售的重要，但是他不知道怎么来做苹果的专业零售。于是，乔布斯找到了当时擅长做专业零售的人来合作，即美国大型服装连锁零售商GAP的首席执行官德雷克斯勒。德雷克斯勒彼时已是美国零售界的资深人士，他告诉乔布斯要先尝试，不要一下子全面铺开大规模建店。苹果公司的体验店就这样一点一点地开建了。

乔布斯还意识到了零售和运营系统的重要性，但是他本人不擅长。于是，1998年，他请到物流和供应链管理实战专家库克。库克有在IBM做物流与供应链管理的10年运营经验，当时正担任康柏电脑的采购与供应链经理，正是乔布斯和苹果电脑急需的人才。乔布斯说："库克是做采购出身的，这恰恰是我们所需要的背景。我知道我想要什么，然后遇到了库克，他和我想的一样。我们开始合作，不久之后，我越发确信他十分清楚自己该做什么。"库克在苹果公司的业绩低迷时期通过成本控制稳定了公司的现金流，帮助公司渡过难关，并且搭建了苹果公司的运营基础。

和牛奶一样，电脑也有"保鲜期"。1997年9月乔布斯任CEO时苹果电脑公司的库存周期是行业最长的，为2个月，这对公司意味着5亿美元的潜在损失。1998年初，乔布斯把库存周期降为1个月时迎来了库克的加盟。从关闭库房开始，库克开启了其库存压缩之路，把库房从19个减少到9个，倒逼清理库存，并且是整个价值系统一起发力：在供应端聚焦关键供应商，从100家减少到24家，这些供应商要主供苹果并且距离苹果工厂更近；在市场端加强需求预测，同时与领先的信息技术公司SAP合作建立起整个供应链的数字系统。至1998年9月，库克把库存周期缩短到6天，同时把苹果电脑的生产周期从4个月缩短到2个月，大大提升了苹果公司的运营效率，在降低成本的同时保证了每台苹果电脑可以配备更"新鲜"的组件。

通过这种科学的管理方法，库克为苹果搭建起了从供应商、自身库存、销售预测到底层数字建设的物流与信息化系统，奠定了苹果有效运行的基础。库克为苹果公司的再生立下了汗马功劳。当然，从根本上讲，还是要追溯到乔布斯懂得自己的局限，面对自己想做又不会做的事，找到了会做的人一起来做。一个人不可能什么都会，更不可能什么都知道，甚至可能对一些事情一窍不通，但这不代表做不成事情，因为有组织，而组织正是由具有不同专长的人分工构成的合作体系。从孤胆英雄到组织的缔造者，这是乔布斯本人的根本改变。

■ **乐观、坚强的进化**

以脱离喧嚣和浮躁，回归起点或者平凡的视角来看苹果公司和乔布斯，我们可能有不一样的认知。乔布斯不是神，不是无所不能，他就是一个有想象力而又愿意付出行动的人，是一个充满理想又脚踏实地的人，是一个不断学习和吸取教训让自己逐渐走向成熟的人。他知道自己不擅长什么，又愿意低下头来去请人来帮助自己。

现在，几乎所有的人都在讲苹果公司的创新，甚至学着乔布斯，也在讲自己要改变世界，但是我们必须要清楚，只有创新是不够的。苹果公司是一个有综合能力的企业，不是一个只是在谈创新的公司，苹果公司背后还有像拓展零售和提高运营效率等这些我们看不到的巨大付出，更有乔布斯本人的心血和汗水。乔布斯在一次次被打倒后又重新站起来，表现了坚强的毅力和乐观的精神，这促使他任何时候都积极融入世界并创造价值。2004年，乔布斯接受了胰腺癌手术。《苹果世界》杂志创刊编辑杰弗里·扬曾记录："2005年1月，史蒂夫又回到了自己的工作岗位，也开始管理苹果公司的事务了。他的头发渐渐稀疏，而且变得有些灰白，修剪得也没有那么整齐了，这一切都显示，他已经接近50岁了。但当他在苹果世界展示会上再次登台做主旨发言的时候，仍然和以前一样显得非常有活力。"

在演讲结束时，乔布斯说："我们所有参加这次博览会的人员都应该感谢那些曾经为苹果公司默默耕耘、努力奋斗的人们，是他们创造了苹果公司的新产品。我还要感谢那些为苹果公司作出贡献的人的所有家庭成员，因为我知道，他们是多么希望能时时刻刻与我们待在一起啊。"在杰弗里·扬看来，"这就是新时代的乔布斯：不再认为这个世界是要以自我的意愿为转移，仍然有年轻时的品性，却已经受到时间、经历和蕴藏其间的智慧潜移默化的影响"。

■ 共生：乔布斯的佛性与佛行

乔布斯在西方长大，但是自小欣赏东方精神，特别是信奉佛学思想。19岁时乔布斯特地走访了印度，并写下了自己的感受："如果坐下来静静观察，你会发现自己的心灵有多焦躁。如果你想平静下来，那情况只会更糟，但是时间久了之后总会平静下来，心里就会有空间让你聆听更加微妙的声音。你的心灵逐渐平静，你的视界极大地延伸。你能看到之前看不到的东西，这是一种修行，你必须不断地练习。"从某种程度上说，这也是"空即是色"的意思，有"空"才能创新。不论是苹果产品与众不同的极简设计还是乔布斯对目标的执念，都体现了乔布斯的佛性。不过，乔布斯的佛性也有些与众不同：一方面，他的佛性并不是不行动，更不是所谓"躺平"，他的"静"是为了"动"，让心安静下来，才可以更充分地创造；另一方面，乔布斯的真实心性实际上是"修炼"出来的，并不只是年少时期学习来的，更直接地说，是在现实中摔打出来的，是"入世学佛"。这是乔布斯的"佛行"，而止于"佛性"。

在乔布斯和库克成功合作之前，乔布斯经历了一段和斯卡利不够成熟的合作。1983年，乔布斯向百事总裁斯卡利抛出橄榄枝，在乔布斯的猛烈"追求"之下，斯卡利终于动了心，出任苹果电脑公司的 CEO。乔布斯的那句"你是愿意一辈子卖糖水还是愿意和我一起改变世界"深深地感动了斯卡利，而斯卡利也在乔布斯身上看到了年轻的自己。两人表达着对彼此的欣赏。

但是随着 1984 年乔布斯力推 Mac 电脑失利，两人的关系发生转折。一年后，Mac 电脑的销量只达到预期的 10%。1985 年 4 月 11 日，斯卡利向董事会提出希望乔布斯不再担任 Mac 负责人。5 月初，乔布斯向斯卡利提出再给自己一点时间来证明 Mac 电脑，斯卡利没有同意。乔布斯说斯卡利已经乱了，不像第一年来时的样子了，两人陷入争吵，乔布斯提出让斯卡利辞职。5 月 24 日，斯卡利向董事会挑明，两人二选一，最终，董事会选择了斯卡利。

乔布斯在离开之前还被贴上了不值得信任的标签。斯卡利和董事会决定起诉乔布斯，一是暗中策划组建公司与苹果竞争，二是利用苹果公司的技术竞争，三是暗中挖角儿苹果公司的重要员工——乔布斯身上已经被贴满了"罪状"。而乔布斯强大的地方在于，他看到了人性的另一面，但依然充满阳光和希望，依然信任他人，甚至更珍惜合作。这时候，一个人的正念和心性才真正得到了检验、历练和成长。

不论是八十年代的微软之于苹果电脑公司，还是盖茨之于乔布斯，都造成过重要的"伤害"，或者说彼此之间有化解不开的"过节"。乔布斯曾很明确地说"盖茨只是无耻地盗用别人的想法",而苹果电脑公司更是在八十年代中期到九十年代中期纠缠于和微软的专利之战。而当重回苹果时,乔布斯表达了他的共生理念。1997年8月,乔布斯在Mac world大会发表演讲时说道:"苹果生存在一个生态系统里,它需要其他伙伴的支持。在这个行业里,破坏性的关系对谁都没有好处。我要宣布我们今天新的合作伙伴之一,是一个于我们而言意义重大的伙伴,它就是微软。"此时,微软和苹果的标志同时出现在银幕上。

■ 对产品的挚爱:用产品渡人

乔布斯说:"当垄断市场的时候,公司就不会变得更加成功了。能让公司变得更加成功的是销售和营销人员,所以最终经营公司的是他们。产品人员则被驱逐出决策会议。这时公司遗忘了伟大产品的意义。是对产品的洞察力和产品的真实力让公司登上了垄断的位置,而现有的经营者正在毁掉这一切,因为他们对什么是好的产品和不好的产品并没有概念。他们对把好的想法转变为好产品所必需的手艺没有任何概念。他们通常并没有真正想帮助顾客的内心感受。"

这段话体现了乔布斯的傲骨,也体现出他做事业的初心——为顾客提供好的产品。乔布斯的确不是一般的商人,他是一个很讲究的企业家。姜文导演的电影态度大概与乔布斯的产品观一致。在姜文看来,人是会成长的,今天给观众一个不讲究的电影,他看不出来,等过几年他真懂了之后会回过头来骂导演:当初给我看的是什么。从某种程度上讲，这种讲究就有商业的"教育"意味了。很少有商人敢教育顾客，往往是捡着"好吃的"喂顾客，顾客喜欢吃什么，就给顾客什么。

但是，顾客想要的不一定是好的。这种现象尤其发生在买卖双方信息严重不对称的时候，或者某个行业或市场发展的初期，这时候顾客可能还不懂或者不够成熟，这是真正考验商人抉择水平的时候，是考验商人能否成长为企业家的关键点。而在行业的成熟期或发展后期，经营者更不能装糊涂或犯糊涂，以为顾客像当初那样容易满足、甚至容易被蒙蔽，一个劲地儿给顾客并不足够好的产品。诺基亚很早就预测到智能手机的市场，但是迟迟没有行动，等到苹果公司"整顿"好智能手机行业之后，诺基亚和围着诺基亚转的一大批手机厂商集体覆没。这时候，顾客知道自己需要什么，不再认准诺基亚了。

有时候，企业哪怕放缓销售额的增长，也要及时转型了，否则就可能有今天没明天。从某种程度上讲，转型期最重要的不是看规模变化，而是看组织的体型即业务结构是否健康，看有没有明天。IBM和华为的业务结构调整都是典型案例，都是在向更健康的组织形态进化。组织发展到了一定程度，尤其是成长为大企业或行业领先企业时，步伐不能停滞太久而不进化，要做出改变，回归产品的进化来延续自己和行业的生命力。

乔布斯真正发自内心地对待顾客，哪怕在一定程度上需要顾客去接受和消化，需要企业付出长时间来赢得市场。这时的商人，才是真正的企业家。这种顾客导向需要我们在产品本身多下功夫，厚积薄发或可一鸣惊人。这种真诚也是乔布斯佛学修行的体现。这也许才是商人和企业家的真正差距，也是短期绩效和长期绩效的真正差距。

乔布斯曾这样评价微软："让我真正感到难过的并不是微软的成功，我并不嫉妒微软的成功。它在很多方面获得了成功。我感到难过的是他们真的只是做了三流的产品，这是事实。他们的产品没有精神，没有蕴含启发人的产品精神，非常平庸。而更让人难过的是，大部分顾客并不知道这一点。但是，人类要发展，我们就得拿出最好的东西，把它传播给每个人。这样，每个人才能在更好的产品中长大，才会知道更好的是好在哪里。"距离乔布斯发表这段话已经很多年了，我们现在是否读懂了乔布斯呢？或者说，我们还需要多久才能理解它？乔布斯对产品的挚爱看似自我，却是一种更大的"无我"：是发自内心的顾客导向。

如乔布斯所认为的那样，"营销"的确是个饱受争议的词语或活动。关键是产品的好坏，一旦脱离开好的产品，营销就会被贴上负面的标签。真正的营销是以真正对顾客好的产品为起点，不断凿开市场。所以，好的营销应当与好的产品携手并进。乔布斯保持初心又不断入世迈向成熟的进化之路，就是最好的例证。

刘永好："谦逊"成就格局

在现代社会当中不乏各种与佛学相关的实践，包括一些声势浩大的商业或公益性的活动，但真正触动人的总是更质朴的形象。在纪录片《古道清凉》中，大悲寺僧人历时 19 年苦行 6000 公里践行着他们的信仰，这个旅程也是一个僧侣的自我修炼。有时候，他们像是寒梅，真如歌词中所写，"一剪寒梅傲立雪中"，他们在恶劣的天气中也不会放弃前行；但更多时候，他们仅是不断化缘前行的行者，为得到些斋饭，他们向施主表现出谦逊。本质上讲，生活中的每个人都在"化缘"。僧侣返璞归真的生活其实可以提醒世人：保持谦逊。

刘备"三顾茅庐"屈膝求贤的故事已经耳熟能详。而在现实社会中，刘永好作为新希望集团的领导者，为了寻求人才也走了刘备"三顾茅庐"之路。

1998 年，新希望农业公司上市。在面临上市与人才短板的拮据时期，沈绪安和黄代云加入了新希望，同时加入的还有宋祖慰和邓幼强。加入之前，沈绪安是四川金路集团的总裁，黄代云为金路集团的常务副总裁，宋祖慰是神龙富康的第一位中方总经理，邓幼强是西南财经大学的金融学教授。四人除宋祖慰主动要求担任顾问一职之外，其他三人都出任了很高的职位。四位的齐聚在当时被称作"云蒸霞蔚"。很多人会想,刘永好如何能请到这些在大型国企身居要职的人才?

以黄代云为例。刘永好曾向一位熟悉黄代云的朋友透露自己的求贤之心,对方一听连摆手:"我看不容易,当年要他当总裁他都不肯当,他的志向很大。"过了一段时间,刘永好再次向黄代云提起加盟新希望的事情,黄代云回答:"唉!还没想好。"事情就又耽搁了一段时间,直到1997年4月的一天,刘永好约黄代云到成都,见面地点是四川体育馆,当时正值四川羽毛球队出征第八届全国运动会,省长都出席了出征仪式。以此为契机,在省长的协助下,刘永好逐渐找到突破口。但新的问题是还要过黄代云家属的一关,于是刘永好继续努力。既然黄代云说是家属的原因,恰逢香港回归的假期,刘永好把黄代云及其夫人一起请到新津老家来做客。刘永好还把自己的几位兄弟请来一起陪客人,这些举动最终感动了黄代云一家。就这样,求贤7个月之后,黄代云同意辞去在金路集团的职务,并于9月正式进入新希望,出任农业公司总经理。

做好企业,做好事情,这种战略意图仿佛身躯的笔直;但是,要真正支撑起这样的身躯,需要放下身段,吸收力量。这和"化缘"同理:吸收人才,汲取知识。我们不见得什么都懂,重要的不是我们自己有多少知识,而是我们可以凝聚多少知识。

在新希望集团传承的关键时期,刘永好还邀请到陈春花老师陪伴女儿和年轻一代成长,这是促进新希望基业长青的关键一步。2013年5月22日,八零后的刘畅出任新希望六和股份公司董事长,同时,刘永好邀请华南理工大学工商管理学院的陈春花教授担任公司联席董事长兼首席执行官,在引领公司开辟食品新业务的同时,陪伴年轻人成长。同时培育新事业与人才,为新希望未来的长足发展奠定了重要基础。这是刘永好做出的对组织发展有重大意义的选择。

在刘永好看来,刘畅年轻、有活力和激情,非常努力,拥有国际化的背景和视野,热爱学习并且在新希望已经锻炼多年,拥有亲和力、凝聚力,在新希望内部大家都对刘畅很认同和支持,因此,是时候让她承担起更大的责任。但是,如刘永好所说,"刘畅还年轻,理论知识有一些但还不够全面,还需要更加系统的实践经验,让一个八零后女孩去管八万名员工和八百多亿的销售额,是一个很大的挑战"。因此,刘永好邀请陈春花老师一起来完成新希望的转型重任。

刘永好先生邀请陈春花老师,同样经过细致的考虑:"陈春花老师十几年来一直是我们的专家和顾问,她一直跟踪公司的治理、管理和市场,不断给我们提出建议。在早些年,她曾经出任过六和集团的总裁,两年任职期间,对于公司的治理和发展起到了非常积极的作用。而且在之后相当长时间内,有关公司重大发展的问题,一般都会跟她沟通,她相当于我们智囊团的一个主要成员。同时,她也曾担任多家企业的独立董事,出任过美的、TCL等公司的顾问,对于公司治理结构、管理制度以及市场体系,都有非常深入的研究。而且她对行业很了解,农牧行业的一些大企业,都请她去讲过课,她的学生有很多在这个行业里面,行业都很认同她,这些都是她非常大的优势。"去欣赏人,看人的优势,这也是刘永好的谦逊和智慧所在。

除了低姿求贤,刘永好还广开言路,而不是强势地自我做主。刘永好身边的工作人员都有一个共同的印象:当一个项目提案摆到刘永好面前时,刘永好很少快速做出反应,他会咨询多个业内人士,反复听取身边人的意见,一丝不苟地把这些意见记录下来,综合吸收后再做决策。新希望集团一位董事副总裁这样评价刘永好:"他很谦虚,很多老板听不进去不同意见的。但是,只要你讲出道理来,他一定会接受。个别时候他可能会不高兴,但是,回去过个几天,他想明白了,一定会通过某些方式告诉你,你说的是对的,应该这么做。而且,他能听取别人意见的这种时候是多数时候。"

换个角度来看。在个人与组织的契合上,个人的自我管理应以认知组织的重要性为前提,个人要学会调整自己适应组织进而融合组织的力量;与此同时,组织也并非绝对强势。刘永好就是新希望集团这个大型组织的法人代表,他代表着整个组织展现出了柔性和谦逊。所以,他率领的组织才能集结能够达成其意图的重要人才，才可以吸收更多人的智慧。

尽管新希望集团已经是一个大企业，有很强的力量，但是当置身更大的经营环境当中时，就像是个人置身于组织当中，再强大的企业都变成了环境中的个体，力量是有限的。海外并购就是典型场景。大企业再大，脱离本土置身海外异乡时，便显得微不足道。意识不到这一点，往往是海外并购失败的重要原因。所以，刘永好的谦逊不只聚合了组织内部的力量，还聚合了更多组织的力量。中澳企业间农业与食品安全百年合作计划（ASA100）可以视为经典案例。在这个案例当中，新希望集团求得了国内外诸多领先企业的支持，更求得了国家的支持，开启了国际化的旅程。这也是一种"化缘"。

从企业战略到国家战略

《孙子兵法》中讲"善战者，求之于势，不责于人，故能择人而任势……故善战人之势，如转圆石于千仞之山者，势也"，指善于指挥打仗的人，总是会依靠有利的态势，而不是苛求部属，所以总是能够选择适当的将领去造成有利的态势。当然，这种势的力量是极大的，有如从高山向下翻滚的巨石。刘永好身居低位来聚合力量，最后形成高势，进而推动事情顺利完成。

对于国际合作，本质上不是企业的个体行为，实际代表的是一种组织行为，这个组织可以上升到企业更大的生存平台：国家。

如果企业能够意识到国家的重要，如果个体能够认知到组织的重要，那么遵照个体与组织的契合原理，企业作为个体就会有意识地与国家融合，基于国家的利益来做事，同时也会凝聚起更多的个体力量参与其中。

■ 企业合作成为落实国家战略合作的实质举措

澳大利亚当地时间 2014 年 11 月 17 日下午，《中澳企业间农业与食品安全百年合作计划谅解备忘录》在澳大利亚首都堪培拉国会大厦成功签署。

在中国国家主席习近平和澳大利亚联邦政府总理阿博特的共同见证下，ASA100 中方联席主席、新希望集团董事长刘永好和澳方联席主席、福特斯克矿业集团（FMG）董事长安德鲁·弗瑞斯特作为双方代表正式签署该项协议，"中澳企业间农业与食品安全百年合作计划"（简称 ASA100）正式启动。谅解备忘录确定了双方合作的主要领域：一是在澳大利亚基于环境可持续发展的土地资源开发及作物生产、畜牧业生产及畜产品加工、经济作物产品开发、近海海产养殖及远洋渔业、特色食品加工等领域；二是在中国包括农产品物流与供应链管理、有机农产品生产示范、安全食品生产技术推广、农产品销售等领域。

ASA100 是刘永好和弗瑞斯特联合发起的民间非营利性平台组织。其网站显示着中澳双方发起人的两段话语。中方联合主席刘永好说："澳大利亚当前政商界的农业领袖希望通过采取果断措施，展现出一个团结、高度合作的产业，为中国提供清洁、绿色和安全的高品质农产品，这将使中国消费者大为受益。"澳方联合福瑞斯特则说："我的梦想是扭转澳大利亚农业走向夕阳产业的局面。未来一代从事农业的澳大利亚人应该清楚地看到澳大利亚农业明朗的未来。"可以看出，ASA100对于中澳双方、消费者、企业，都是一件有意义的事情。

在此之前，2014年9月17日，ASA100中方成立大会在北京举行。刘永好在现场表示："新希望集团作为有30多年历史的大型民营企业集团，自1999年在海外开设第一家工厂起，已在'走出去'的道路上积累了很多经验，也深知企业在海外发展道路上抱团取暖的重要性。因此，我与澳大利亚知名企业家安德鲁·弗瑞斯特（澳大利亚福特斯克矿业集团董事长）联合发起成立这个中澳企业合作平台组织，也考虑到产业链上下游联动，努力形成'走出去'的集群效应。通过这个计划，可以建立更加有效的沟通联系机制，民营企业可以与不同所有制的企业强强联合，抱团'走出去'或借船出海，提高对外投资的针对性、可靠性，降低投资风险。今天特别值得纪念，我们共同搭起一座桥，共同推动农业发展。"从"ASA100"中方成立至中澳双方签署备忘录，中间历时两个月。

FMG集团于2003年创立，十余年间即成为全球第四大铁矿石生产商，并拥有全球速度最快、载重量最大的铁路网络。自2008年5月将第一批铁矿石运至中国最大的钢铁企业宝钢集团以来，FMG已累积供应中国市场3亿多吨铁矿石，不断满足日益增加的市场需求。湖南华菱钢铁集团2009年对FMG的投资已成为中国在海外资源领域投资的成功范例。FMG与亚洲合作伙伴部署双赢合作战略，其产品出口至亚洲，特别是中国，而其扩产所用的原材料设备则来自亚洲，其中很大一部分来自中国。FMG承诺赞助博鳌论坛，表明其极为重视维持并发展与亚洲人民的对话和关系。FMG集团的年轻活力和潜力、关系网络和合作能力以及其在中澳合作关系上的意愿和基础都成为新希望集团选择其一起共建平台的原因。

ASA100的正式启动成为新格局下推动两国农业与食品领域合作的实质性举措。

格局推动组织高度的提升

回到"化缘"的缘起。

在新希望集团的主业农业版图上，为了进一步提升业务品质，刘永好把目光投放在了具有比较优势的澳大利亚。但是，进军发达国家的国际化之路谈何容易，为了完成这一任务，他把新希望与发达国家合作的任务提升了一个层面：众多企业之间的合作。所以，在谈及新希望向澳大利亚的发展时，刘永好表达过这样的想法："我们能不能联合中国的一些企业一块儿去做一些农业产业园,纵深地投资和发展,这样联合发展成本低。联合发展可以得到所在国的重视,也能得到中国政府更多的支持。而且联合发展的话,能够减少很多不必要的烦恼和问题。于是,我就联合了大概数十家中国的企业,他们愿意到澳大利亚,我们建立了一个非政府的机构,叫'中国澳大利亚农业合作百年计划'。同时,我又找到澳大利亚的一些企业家和农业企业,他们愿意来中国做生意,愿意跟中国合作,一些商人也建立了一个中国—澳大利亚农业及食品安全百年合作计划。大家推荐我来做主席,澳大利亚方面也推荐当地非常有影响的企业家做主席"。这时的国际化发展已经不是新希望一家企业的事情,刘永好把新希望自身的发展问题转化为诸多中澳企业共同发展的问题。做成此事,利于每一个企业,以及更为重要的集体利益。

把一个企业的事情提升为众多企业的事情,则容易推动。如果众多企业的事情得以解决,新希望自己的事情则迎刃而解。那何以确保诸多企业共同的事情更顺利地推进呢?

这是诸多企业间的合作,从更高层面来看,是一项国际间的合作。为了顺利推动这一层面的任务,此事又被提升至与国家战略契合的层面,可以视作最高层面的任务。刘永好在访谈中曾讲:"有了中方主席和澳方主席后,我们把这件事情报给了中国的农业部、国家发改委、外交部和商务部,得到他们高度的认同,他们觉得这非常符合国家的'一带一路'和'走出去'战略。在这样的格局下，我们在去年10月份，习主席访问澳大利亚的时候，由12个中国的企业家，举办了一个中国—澳大利亚CEO峰会。我们讨论了中国—澳大利亚经济互补、中国—澳大利亚投资的机会，习主席还在会议上做了发言，阿博特总理也做了发言。习主席对中国和澳大利亚这种互补合作给予了很高的期望。他认为这对两国国家有利、对两国人民有利、对两国的企业家有利。所以我们跟澳大利亚签订协议，习主席和阿博特总理给我们见证这个签约。这个级别是最高的，国家的元首见证签约，代表国家支持我们的联合，在澳大利亚进行投资，国家支持我们的活动"。

不妨再从反面来看看，理解这一做法的价值。如果不上升到这样的国家高度，而止于企业之间的行为，这个过程可能会耗费各方大量的精力和资源，还未必能做成。正如新希望集团的一位董事副总裁对这种"出手"的形容："在这样一种大的格局下，我们来推动两国农业领域企业的这种合作。你看这个出手就不一样。因为有这样的格局和框架支持，就很顺利。这就不是小打小闹地说我们找个项目来谈谈，谈两天可能被对方政府控制了，说不行，这是我们国家资源，不给你。前两年曾有国企弄着弄着就被人家以国家安全为理由就给否定了。"

当糅合了这些力量时，成果就开始落地了。刘永好举例说道："在这个格局下，我们加大了在澳大利亚的投资与合作发展。这两年下来，我们首先在澳大利亚投资收购了一个牛屠宰企业，是在澳大利亚排名第四的一个公司，我们是用集团和我们国际投资基金的方式收购的，是 100% 全资收购。"此外，新希望集团开始和澳洲第一大和第二大的牧场以及一家牛奶加工厂组建合资公司，在澳洲建万头规模的牧场，寻找新鲜奶源。在这种趋势之下，这些一个个的具体国际化合作项目都变得更加容易落实。这就是刘永好的"化缘"。从某种程度上讲，人和人力量的差别的确不在个体本身，甚至不只在于每个人的志向，拉开差距的是个人为了志向而展开的行动，尤其是能否聚合能量。

在 ASA100 的故事中，我们可以洞察自我管理与组织管理的融合之道，理解从谦逊到不断蓄力的进化之道。

■ **从点滴之事做起**

当然，读者可能存有这样的疑惑：刘永好推动 ASA100 时他本人和新希望集团已经拥有巨大的影响力，自然更容易造势，这种顶级的企业家也自然更容易展现出"政治家"的色彩，容易得到政府的支持，其做法于小企业和普通人而言并不适用。

不可否认，对于小企业和一般的创业者而言，很难像刘永好一样造出如此大的声势，但这不代表他们不能利用考虑组织利益的原理来帮助自身成长。无论是新希望集团还是刘永好，都是从小企业、一般的创业者成长而来，而如果观察刘永好及其企业的成长实践会发现，早期刘永好就已经在用更广阔的视野和整体利益的视角来洞察和处理事情。因此，可以聚合力量，背后是一种格局，是为更广大人民利益真心实意地考虑和付出，这本身就是政治学的利民主张。

创业初期，刘永好兄弟曾有到处收种蛋的经历。兄弟二人通常骑着自行车在村子里挨家挨户问，但刘永好发现这样的做法效率太低，于是他先找到当地的兽医，通过兽医来了解哪家有种蛋、有几只种蛋，然后再去收购。刘永好还曾跑各地市场销售鹌鹑蛋。20世纪80年代的形势与现今相差甚远，市场监管人员对"投机倒把"保持着警惕。异地销售无疑是一件难事，但刘永好却成功地化解了这一难题。他带着45箱共60 750枚鹌鹑蛋从成都坐汽车到重庆，他对市场监管人员讲："我们是良种场的，是支援农业的项目，到重庆是去推广良种鹌鹑，把成都这边好的技术推广到重庆去。"市场监管人员觉得非常有道理，对于这样的好事必须要给予支持，刘永好由此顺利地打开重庆市场。这种去自我中心化、从整体利益考虑的做法帮助刘永好把事情处理得更为顺畅。

这番话说得很实在，背后是实实在在的行动。刘永好和新希望集团的确如此践行初心，为中国农业贡献价值，并且长期坚持——到目前为止，已经创业近40年，一点点的积累成就了今天更大的作为。

当然，刘永好的这种环境视域和组织整体观在某种程度上可能源自儿时受到父亲的启蒙，父亲对政治的敏感和对时势的分析，潜移默化地影响着刘永好。1979 年，父亲在病逝前夕反复对刘永好兄弟讲的一句话是："时代开始变好了，机会难得，你们要珍惜，要好好把握"，从某种程度上讲，兄弟创业进入农业领域，也是得益于时代发展的趋势，是个体与这个时代环境的融合。这种大局观是可以习得的，并且可以不断积累，在运用中可以带来自己与组织的共同成长、持续成长。

■ **在意合作方的存在**

在深入研究刘永好和新希望集团的成长过程中，笔者还发现了一个细节。相比于"并购"，在该企业出现得更多的字眼是"合作"。新希望集团收购六和集团是新希望主营业务发展的里程碑事件，上市公司新希望六和股份有限公司实际上是由"新希望""六和"两家企业得来。曾有行业协会的人问，尽管六和也在行业中领先，但相比新希望的品牌影响力要弱一些，加上"六和"两个字反倒可能令品牌影响力有所下降，为什么不直接用新希望。实际上，这也反映了刘永好的谦逊与智慧。新希望与六和，从财务角度讲的确存在兼并或收购的关系，但刘永好在此问题上十分谨慎，始终强调新希望与六和是合作，不要用"兼并"或"收购"的字眼，由横幅"热烈庆祝六和·新希望成功合作"可见一斑。当真正持以谦逊和尊重对方的心态合作时，彼此之间的加号会升级为乘号，就会产生更有效的协同效应；相反，如果没有这样的心态与行为，可能出现的就是内耗，是一加一小于二的结果。

《荀子》中讲"和则一，一则多力，多力则强，强则胜物"，《论语》中讲"礼之用，和为贵"，可见"和"的功效。事实上，在调研时发现，不只是新希望六和的命名，该公司"新、和、实、谦"的核心价值观也汇聚着大家的力量。这个价值观除了拥有积极的内涵之外，另外一层意思是，蕴含四家合作企业的名字——新希望集团、六和集团、石羊集团、千喜鹤集团，这表达了对合作伙伴的尊重，让统一的价值观更能够汇聚起人心，促进组织生成合力。这就是谦逊创造的更大格局。ASA100联席主席、公司联席董事长，以及刘永好言谈中以高频词汇出现的各种"联合""和"的设计仿佛无处不在。

贝索斯："飞轮"哲学推动协同进化

亚马逊公司1995年创立于美国，创立之初是一家网上零售书店，但是两年之后，亚马逊重新自我定位，成为综合零售商。和沃尔玛一样，它是综合零售商，不过是一家线上零售商城。在随后的二十多年里，亚马逊的确成为了全球最大的购物网站，并且这个"巨石"在庞大的规模基数上保持着稳健的增长。2016年至2020年，亚马逊的年销售额从1359.87亿美元增长至3860.64亿美元，年平均增长29.95%，年利润从23.71亿美元增长至213.31亿美元，年平均增长89.79%。

全食超市是美国最大的食品零售商，创立于 1978 年，经过 40 年的发展，全食超市在美国已经拥有 300 家门店，销售额突破百亿美元，更重要的是，这些销售额来自于其主推的高端食品和有机食品，而非诸多分散业务的拼凑，这让全食超市拥有了极强的竞争力。

美捷步是华人创业者谢家华创立的一家售鞋网站，创立于 1999 年，面对美国诸多线上、线下零售巨头，2008 年，这家创立不到 10 年的专门售鞋的零售网站销售额已经突破 10 亿美元，成为全美最大的售鞋网站。

这两家强有力的公司和亚马逊有什么关系吗？今天他们都已经在亚马逊的生态系统当中，和亚马逊一起协同共生。

从个体进化到协同进化

亚马逊是综合零售企业，全食超市和美捷步是专业零售企业，各自有各自的活法，都有"自我"。但是，当综合零售和专业零售走在一起的时候，去掉原本的自我，组合起来就有了新的生存方式：协同进化。借助亚马逊创始人贝索斯的"飞轮"主张，亚马逊的增长来源于各个业务的协同，当这些业务发挥协同作用时，亚马逊的增长齿轮就会转动起来，并且是不停地转动，亚马逊的持续高速增长也验证了贝索斯的主张。

事实上，亚马逊成立二十余年一路都在和很多专业者合作，

全食超市和美捷步只是当中的两个代表，影迷所熟知的 IMDb
（Internet Movie Database，互联网电影资料库）也早就被亚马逊
收入旗下。所以，不论是吃的、穿的，还是看的，很多时候消费
者以为自己是在和不同的专业网站或企业打交道，但实际上都在
和亚马逊打交道。在这个交流或交换的过程中，消费者的饮食爱
好、观影喜好等生活方式正在被亚马逊认知，反过来亚马逊也可
以引导消费者的生活和消费方式。

2017 年，亚马逊斥资 137 亿美元"吃"下了全食超市，把
上百亿美元的年销售额"吃"到肚里子。当然，全食超市的营养
远不止于此，在线下线上联合共创价值的时代，亚马逊还借此获
得了数百家实体门店。更重要的，是全食超市带来的生态改变。
作为综合零售商，亚马逊补充了自己的产品线，在高端食品领域
也占据一席之地，因此有机会接触新的顾客群体。亚马逊的线上
优势和数据处理技术，协同全食超市的线下黄金地段、冷链食
品保鲜和配送体系以及高端用户数据，从而迸发出更大的协同效
应——亚马逊和全食超市都变得更强了。也因此，双方才愿意走
在一起。随着全食超市的加入，面向大众的亚马逊生鲜食品业务
也跟着动了起来。2020 年 8 月，亚马逊在洛杉矶开了第一家大
众化的生鲜食品超市，这样的超市将和全食超市互补，一起满足
更广阔的消费者市场。

从这个角度说，共生的协同进化速度和力量要远远超过个体

的独立进化能力。这就是为什么这笔交易可以达到137亿美元的天价。亚马逊买的其实是共生价值,每找到一个这样的共生伙伴,彼此都重生一次。

美捷步也是如此,这家由一个年轻华人创办的企业能在较短的时间内在美国成为领先的专业零售商,在于其有效的投入:找到关键的顾客价值点并且切中零售商的物流本质。鞋是一件特殊的商品,和很多日用百货不一样,鞋要穿在脚上才知道合不合适,这是很多零售网站在售鞋时遇到的最大问题,也是顾客不愿意网上购鞋的痛点。这一难点看似是线上经营固有的局限,很多线上企业都解决不了,美捷步却解决了。这家企业用了三个字就解决了根本问题,即"三双鞋":同时给顾客发三双鞋,不合适的退回来,并且由美捷步承担物流,真正地让顾客"无忧退货"。这个物流特征成了美捷步的最大卖点,成就了顾客价值。美捷步重新定义了我们所了解的无忧退货,和我们日常看到的都不一样,这是具体到产品属性和解决顾客实际问题的解决方案。世上无难事,只怕有心人。

当然,"三双鞋"实现起来也非易事。能够落实这种想法的背后是真正服务顾客的价值观在驱动。创始人谢家华自己写了一本书《三双鞋》,讲述为顾客创造快乐的故事,表达和传递了这种顾客价值观。他所倡导的美捷步的使命是寻找顾客,把顾客挖掘出来,把快乐交付给顾客。美捷步会通过数据测算接下来还有多少顾客要去开发,以及如何开发,也就有了美捷步在客户服务和物流运作上的特色。美捷步在意的是顾客的快乐以及真正和顾客建立关联,例如,它不是用通话时间长短来考核客服,而是看能不能让不满意的顾客变快乐,通话时间只是美捷步给予员工的资源。此外,为了提升物流效率,美捷步把仓库建在了 UPS 的机场旁边。无忧退货、数据分析、快乐客服、物流效率,当这一切要素协同,美捷步就迸发出创造顾客的能力,从最难的线上售鞋领域中脱颖而出。创始人谢家华给自己封了一个"新官"——CIO。CIO 不是通常意义上的首席信息官(Chief Information Officer),而是首席创意官(Chief Inspiration Officer)。

个体在组织中升值

2017 年,在全食超市销售额达百亿美元的时候,亚马逊拿出了超出百亿美元的天价来与全食超市合作;早在 2009 年,当美捷步销售额突破 10 亿美元时,亚马逊就已经拿出了超出 10 亿美元的高额交易费用。可能令很多人不解的是,全食超市真的值 137 亿美元吗?一个创立不到 10 年的线上售鞋企业美捷步,真的值 12 亿美元吗?如果只是看到孤立的个体,这种做法确实不值。但是,当全食超市和亚马逊组合在一起时,当美捷步和亚马逊组合在一起时,就值了。单独的企业也许都值不了那么多钱,但是协同共生就真的值钱了。贝索斯的"飞轮"战略意图是让大家都更好地动起来，更具有活力。比如，亚马逊的数据处理能力协同美捷步的顾客服务能力，亚马逊的用户群体协同美捷步的客户开发愿望，甚至可以借鉴美捷步的创造力去助力全食超市创新——在协同创造价值上，可以有无限的想象空间。如此来看，数百亿美元的花费是值还是不值呢？

再深入去看业绩数据。亚马逊的增长并不只是规模的增长，近4年来，其利润年均增长89.79%，三倍于销售额的增长，尽管销售额的增长已经很高了。这就产生了亚马逊这个"飞轮"协同进化的良性循环：高投入带来了更高的回报。贝索斯的深层经营逻辑是，有巨大动能的齿轮并不容易推动，要花极大的力气，所以，亚马逊只要瞄准了目标，会不惜高投入。这些专注的高投入不会白费，一旦业务动起来，并且产生联动，曾经的付出就会得到回报。实际上，这也是一种很朴素、踏实的奋斗逻辑；不过，其新意在于联合奋斗、携手并进。这恰是"组织"这个概念本身的意思，是真正的"组织"及其存在的价值：组织本身就是要产生合力的，要让个体能够做成独自完不成的事，甚至个体的需求、信念、理想都是在组织中实现的，和组织目标一同实现。也因此，能够在组织中贡献价值的个体才得以升值。

根本上是要有内力的支撑。亚马逊的"飞轮"当中蕴含着"滚石"的韵味，石头滚动起来会威力无比。再进一步思考，其中的动能又可以追溯到物理的"势"，找到高处，石头才更容易从坡面滚动。重要的是，把这块巨石顶起来，需要付出与责任。从更宏观的角度来看，一个组织整体就是一块巨石，需要众人同心协力把巨石顶起来，爬到高处才会"滚动"。众多有共同志向的攀登者同心协力，这本身就是协同进化。

需要一提的是，2020年底，谢家华卸任美捷步CEO不到半年便去世了，46年的人生画上了句号。2020年12月7日的《华尔街日报》以"美捷步华裔创始人谢家华猝逝，人生最后半年陷沉沦"为标题做了报道。他在人生最后近半年时间里，迷恋上了极端行为，挑战自己的生理极限，不吃饭，让体重降至90.72斤，尝试降低身体需氧量，迷恋纵火，远离家人和挚友；甚至有人纵容他的行为。他的一位挚友说，谢家华的一切渐渐分崩离析，最终死于所在住所的火灾。不得不说，谢家华作为一位出色的创业者，富有才华，壮年去世，非常可惜，但这也从另一个角度警醒我们，不能走着走着就走歪了。

守正，要始终守住正向的价值观，尤其是在越来越成功、身居高位、拥有更大财富和权力、受人追捧时，这些时候也是充满诱惑和容易自我迷失的时候，是容易内心膨胀和头脑发热的时候。对于企业和个人都是如此，切勿乱来；任何时候，都要保持不乱。当然，极端时期也是真正考验一个人定力的时候，不论是处在人生的巅峰还是陷入人生的低谷，不论是面对佳境还是身处逆境，依然不乱才是英雄本色。

我在和年轻的学生交流的时候会特别说明,不要过度关注今天某些很高调的成功企业家或者所谓富豪的样子,更不要受那些炫富或者炫耀的人所影响,要多学习一个人最初的奋斗经历。那个时候的行为往往是最美的、最朴实的,甚至是一个人的巅峰状态。最典型的例子是运动员。对于普通人或者年轻的篮球运动员来说,看乔丹今天的成功没有太大意义,更应该看他年轻时的艰苦训练和在赛场上的积极表现。这也是"历史"研究的魅力和智慧,从中我们可以看到真实的"进化"过程。当然,有些成功者可以放下过去的成功继续进化,这也非常值得我们学习。

亚马逊、全食超市、美捷步,这些个体在结成连理之前,哪一个没有自己的一技之长呢?一个好的共生系统会判断你带来的是正能量还是负能量。在这个新的进化原则下,要考虑清楚我们能赋予别人多大的能量,所以要先激发自己——让自己积蓄能量,一定没错。在这个共生的时代,积攒一份能量,也许等于储备了十份能量;反之,每浪费一份能量,也许等于浪费了十份能量。

彼此能否成功"化缘",或许确有缘分的原因。如果说缘分是注定的,那么必须要有前缘,而这个前缘就是自己的造化,这个造化是自我改造与进化。因此,一切看似是缘分的组合都是个体修来的福分。这样来看,亚马逊、全食超市、美捷步,这些个体在新世纪形成强大的共生体，早已是命中注定，是前一个世纪修来的福分。当这些个体在20世纪努力修炼自己的时候，已经注定在21世纪遇见这样的缘分了。今天的安排是注定的，胜出的企业或个人可以组合在一起，是这些个体各自努力修来的福分，是一种积极能量的汇合，说到底，还是个体与组织的契合，契合之时，也是"飞轮"启动之时。

厚积薄发的真功夫

亚马逊今天在业绩上显现出来的"飞轮"效应是努力修炼而来的。如同韦尔奇率领通用电气的"数一数二"实践是受到彼得·德鲁克的启发，贝索斯率领亚马逊的"飞轮"实践正是起源于另外一位管理学家吉姆·柯林斯的启发。早在2001年柯林斯就总结了企业从优秀到卓越的成长"飞轮"。这个跨越必须经过一个厚积薄发的过程，当时正处在互联网泡沫中的贝索斯请柯林斯去与他和团队交流，柯林斯让大家安下心来，不急于求成，逐步积累，慢慢启动亚马逊这个"飞轮"，这为在困难中求索的亚马逊提供了重要指引。

当然，要启动"飞轮"，就要回到企业的基本目标：创造顾客，并为之付出长久的努力。回到本质，这也是亚马逊和沃尔玛的共同点，首先要物美价廉，或者说让顾客买得值，实现顾客价值是前提，而为了做到这一点，就要持续付出。这种付出才是推动"飞轮"的关键,亚马逊创始人贝索斯和京东创始人刘强东都很欣赏沃尔玛创始人沃尔顿的创业精神——重视顾客,并且持续勤奋付出。

沃尔玛在不断夯实物流系统,让供应链的效率更高;亚马逊则通过"云"的建设,不断汇集善于创造顾客的伙伴一起进化。所以,在零售业上,沃尔玛和亚马逊代表着两种商业模式。一种是价值链,以沃尔玛为代表,通过物流与供应链的效率提升保证顾客价值和企业盈利,商品的品质、价格、交付时效、利润都是从整条价值链中获得的。通俗地说,减少流通中的浪费,将节省下来的利益给顾客和自己。一种是价值网络,以亚马逊为代表,是伴随互联网时代产生的商业生态,通过集合更多商业个体一起进化生存。沃尔玛模式的竞争力来源于价值链的效率优化,而亚马逊模式的竞争力来源于个体的竞争力以及个体之间的协同。但这种方式有个前提,别人愿意进来和能进来,并且进来了能受益。更关键的是,企业得有空间来容得下这么多人来——这就是云计算在做的事情。当这些企业进来之后,会汇聚海量的数据,数据能否安全存储,数据如何发挥作用,这是面对商业机会时必须要有的基础架构。

坦白说,这种价值生态模式是有陷阱的,绝不是一张PPT宣传就可以做到的,哪怕再绘声绘色。这个生态模式如果想要成立或者被长期而非短期确认下来,必须经过自身的实干。这种自身的实干有两个标准，如亚马逊所展示的，一是自己必须是一个技术公司，是一家有专业技术实力的公司，而真正的专业水平都非一日之功，"冰冻三尺非一日之寒"；二是自身要有盈利的能力，而不能一味地依赖外部资本。离开这两个标准，系统就不够牢靠。

实际上，互联网时代看似存在无限的机会，但这些机会也可能导致很多企业变得冒进和浮躁，互联网泡沫进而就显现了。想要海纳百川，得先让自己积累或扩展出足够的容量。庆幸的是，亚马逊从互联网泡沫中醒了过来，这也是柯林斯的与众不同之处，用简单朴实的"飞轮"道理点醒亚马逊要厚积薄发，自此，亚马逊重新回到顾客端，并且让自己通过扎实的技术成为了一家可以塑造商业生态的技术公司。

2001年是亚马逊成长的标志年份，经历过互联网泡沫时代的浮躁，亚马逊变得更加冷静，从顾客的角度重新定义了自己，表达了使命："我们的使命是成为全球最以顾客为中心的企业（Our mission is to be Earth's most customer-centric company）。"在此之前，亚马逊先后希望成为"最大的书店""最大的网上零售店"，2001年则完成了本质的进化：顾客导向。随后，亚马逊于2002年推出云服务，逐步打造和显现自己的数据存储与分析能力；2006年正式成立亚马逊云（Amazon Web Services，AWS），亚马逊的核心能力愈加扎实，这种能力不仅可以服务自己，也可以服务客户。以其典型客户 3M 为例，3M 的健康信息系统（3M Health Information Systems）是 3M 为医疗健康行业提供的软件服务，但 3M 不是 IT 公司，所以把信息系统的部分交给亚马逊云，由亚马逊在海量数据的安全、高效存储与提取上提供专业的服务，而 3M 则可以专心于医疗健康行业本身的研究，从而更好地为其医疗健康行业的客户提供改善成本和品质的解决方案。

■ **协同不是搭便车，需要自身的实力**

亚马逊是一家零售企业，同时也是一家技术企业。云计算技术既支撑着亚马逊的零售事业、服务着消费者，也服务着各行各业的企业或组织，而云计算技术又是这两个方向服务的中心，这就符合了核心能力的中心标准：是进入多个业务的中心。如果企业进入多个业务领域而没有中心支撑，就是盲目多元，是"乱"做。由此，云计算就是亚马逊的核心能力，而更加验证这种核心能力的表现是，作为看家本领，云计算为亚马逊带来了重要的利润贡献。2020 年，亚马逊整体销售额为 3860.64 亿美元，亚马逊云销售额为 453.7 亿美元；净利润为 213.31 亿美元，营业利润为 228.99 亿美元，其中，亚马逊云的营业利润为 135.31 亿美元。亚马逊云以亚马逊 11.75% 的销售额创造了亚马逊 59.09% 的营业利润。

事实上，用核心能力来服务自己的零售事业和外部的客户（包括类似 3M 这样的外部客户，也包括既是外部客户又是零售商的第三方卖家），这两个方向的服务本身也在互动着。亚马逊用专业技术把自己服务好才有说服力，才能更好地说服客户和贡献于客户，才能吸纳更多客户。零售业务是亚马逊的主业和旗舰业务，这杆大旗不能倒下。反之，亚马逊创造的客户越多，自己的经验就越足，不仅仅积累了利润，更能提高核心能力，这又可以推动零售事业，助力亚马逊成为零售市场的一面旗帜。所以，在亚马逊内部，各业务也构成一个积极协同进化的"飞轮"。

2005年，亚马逊推出会员业务，为消费者提供根据会员收费的定制服务。比如，亚马逊在美国推出支付79美元的年费就可以获得免邮费、两日送达的服务。从本质上讲，这时候亚马逊卖的就不是产品，而是服务，所以，亚马逊单独将此作为一个业务来对待。

亚马逊主要从事四个业务：零售（在线商店和实体店）、第三方卖家服务、会员定制服务、云计算。会员服务一方面可以盈利，甚至比一般产品的利润高，另一方面扩大了客流，让亚马逊的商业生态更有吸引力，让更多企业更愿意和亚马逊一起进化。一分价格一分服务，好的服务又继续吸引顾客。由此，充沛的现金和客流都源源不断，这本身就是一个良性循环的"飞轮"。2020年，亚马逊在美国的会员人数达到1.42亿，在全球达到2亿，2020年的会员业务销售额为252.07亿美元。

从某种程度上说，京东有点像沃尔玛，一步一个脚印地夯实物流；阿里有点像亚马逊，阿里是在国内较早启动云计算的企业，本质上是基于云的扩容来构建商业生态。不同的是，亚马逊以自营为主，这和京东又有些相似，但亚马逊的第三方卖家业务也呈现增长趋势，在亚马逊销售额中占据的比重已经从 2016 年的 16.91% 增长至 2020 年的 20.84%。当然，如上两种付出根本目的都是创造顾客。近年来，沃尔玛也在积极联合 SAP 云来进一步巩固和提升其信息化水平，在优化物流效率的同时为线上业务搭建基础，而亚马逊也在和全食超市合作以推动实体经营能力。与之相仿，京东在布局数字科技，而阿里也已布局生鲜业务。而在物流上，亚马逊近年在加强自己的物流建设，把全食超市的冷链整合进入亚马逊的物流系统，阿里也在积极组建物流生态。

喜欢登山的吉姆·柯林斯常用一个看似很简单的故事来描述这段漫长之路的修行。简言之，一个人要想穿越落基山脉则需要保持稳定的速度，每天 20 公里，既不能在大好天气时过度冒进，过度消耗自己，也不能以天气不好为理由放弃行动，这时候恰恰是自己预先储备的体能让自己有力量生存。一点点地持续行进，终能顺利到达目的地。如柯林斯所说，这需要极大的自我控制能力、高度自律。20 世纪 90 年代，柯林斯离开斯坦福大学回到家乡科罗拉多，在落基山脉下的僻静小镇潜心研究，这种朴素和坚持反而孕育出了可以让生命怒放的伟大思想。更有意思的是，那个山下小镇的名字就叫作"巨石"或者"圆石"（Boulder）。

笔者有幸在柯林斯的家乡学习与生活较长时间，也常在白雪覆盖的落基山中思考和行走，可以深切体会这种朴素的美与力量。

■ 推动起来的"飞轮"让组织持续运转

1988年，吉姆·柯林斯邀请乔布斯到他的课堂，和学生分享。尽管那时的乔布斯处于事业的低潮期，但是看到他积极的人生状态和对愿景的坚定和热情，柯林斯相信他的事业一定能够复苏。

保有热情，逐渐修炼和积累理性、合作精神，乔布斯协同库克一起先治理库存，打通组织内外，让供应链系统先动起来，增强现金流，保证造血能力，随着一个个零售店的建起，苹果公司的运行系统也更加完备。一项项业务，如电脑、音乐播放器、智能手机等数字终端设备，在这个系统中不断衍生和高效运作。这就是苹果的"转动"。这个机制运转之后，组织将不完全依赖于某个人，这才是乔布斯离开苹果之后公司依然有效运行的根本。因为有了一个相互协同的系统，在这个系统当中，逐步创新的业务有效运营，整个组织得以像飞轮一样不停地运转。

2021年蝉联世界首富的贝索斯宣布卸任CEO，由云计算业务负责人贾西接任。时年53岁的贾西也是亚马逊这个"飞轮"组织培养出来的人才。贾西于2006年4月至2016年4月担任云计算高级副总裁，之后任云计算CEO。2021年7月，贾西成为亚马逊的第二位CEO。从业绩数据来看，贾西担任云计算CEO期间，云计算销售额从2016年的122.19亿美元增长至

2020年的453.7亿美元,在亚马逊的销售额占比从8.99%增长至11.75%,并且贡献了亚马逊59.09%的营业利润。早在2006年,亚马逊就正式启动了云计算业务,并且持续保持行业领先。根据协同研究组织(Synergy Research Group,SRG)公布的最新数据,2021年第一季度,全球云计算市场容量为390亿美元,亚马逊云排名第一,市场份额为32%,微软云为20%,谷歌云为9%,阿里云为6%,IBM云为5%,Salesforce为3%,腾讯云和甲骨文均为2%。事实上,如前所述,云计算不仅仅是亚马逊的一个业务增长点,更是亚马逊的核心能力,是亚马逊可以协同多元生态(如全食超市和美捷步)的数据技术基础。所以,亚马逊云是其整体销售额增长和亚马逊生态扩容的技术底气。

■ **协同进化:以顾客为中心,齐心协力**

企业家若想缔造一个可以永续运转的组织,首先要有一颗勇敢的心,不畏困难,一心通往顾客价值,这是机芯,是动能之源。亚马逊的使命"成为全球最以顾客为中心的企业"就体现了这一点。在此基础上再采取一系列有组织的协作行动。作为零售商或者说是贴近终端顾客的平台,亚马逊展示了这种组织的实际行动:不断集结善于服务顾客的业务,如30年聚焦目标顾客的全食超市以及全力解决顾客痛点的美捷步,这种高度重视顾客价值的价值观也是亚马逊选择他们以及他们更容易和亚马逊融合协同的原因。并且,"协作"不只是集结,还是让彼此带动,如全食超市对亚马逊实体店和食品业务的拉动，以及亚马逊带给全食超市的数字技术支撑。这种组织的协同行动，也如作为制造商或者说是终端供应者的苹果公司所展示的：不断创新的产品和流畅的供应链运行系统，让苹果公司和更多消费者紧密相连。

实际上，化繁为简，亚马逊和苹果的组织依然是最经典的分权事业部结构，都是在金字塔的基本框架上，由总部和各业务单元构成。比如，苹果包含5大业务：手机，电脑，平板，穿戴设备和家居配件，服务（广告、产品护理、数字内容等）。其2020年的销售额分别为1377.81亿美元、286.22亿美元、237.24亿美元、306.2亿美元、537.68亿美元，综合构成了苹果公司2020年的销售额2745.15亿美元。当然，这些销售额来自世界各地，美洲区为1245.56亿美元，欧洲区为686.4亿美元，大中华区为403.08亿美元，日本为214.18亿美元，其余亚太地区为195.93亿美元。

在具体设计上，两者都是从自身实际出发构建起合作的组织系统。比如，亚马逊以线上起家并有所长，那么其可以通过与全食超市的合作加强或带动其实体资源和物流系统，这更符合零售的本质。如果分析亚马逊的业务数据，就可以看到亚马逊逐步的变化，从2016年至2020年，亚马逊的线上商店销售额从914.31亿美元增长到1973亿美元，翻了一倍，但是，其在亚马逊总体销售额的占比是呈下降趋势的，2016年为67.24%，2020年为

51.12%。云计算和第三方卖家业务则呈上升趋势，占比分别从 8.99%、16.91% 增长至 11.75%、20.84%。与此同时，2020 年，亚马逊的实体店销售额为 162.27 亿美元，不容小觑。

从某种程度上说，亚马逊也有点像沃尔玛了。不过，这不是一种模仿，平衡好线上与线下，实际是为了更好地创造顾客价值。当然，不变的是亚马逊对其本土市场的重视和巩固：北美销售额占据六成，并且稳中有升，从 2016 年的 58.67% 升至 2020 年的 61.2%；2020 年，在亚马逊 3860.64 亿美元的销售额中，北美销售额为 2362.82 亿美元。除此之外，亚马逊还有坚实的会员基础。亚马逊焦点依然非常明确。亚马逊在尝试补充实体能力，以全食超市为试点或者说为新的起点；而苹果公司以产品见长，那么其需要补足的是运营和零售系统，这就有了库克的加盟和零售店的开建。这些创新与合作，目的都是实现顾客价值。

历史的插叙

云计算：群雄逐鹿

值得一提的是，在云计算上，中国企业也不甘示弱，尤其是伴随我国新基建(即数字基础设施)的兴建,中国企业将大有可为。但这里有必要先简单介绍一下云计算的服务模型,实际上这种服务模型就是商业模式,表达着企业在提供什么业务。

云计算有三种或三层服务模型:基础架构(IaaS, Infrastructure as a Service,基础架构本身就是服务)、平台(PaaS, Platform as a Service)、软件(SaaS, Software as a Service)。其中 IaaS 是基础,是云计算的基本功,提供存储设施,平台层和软件层实际都是软件,简言之,一个是运行环境,一个是应用程序。

此外,对于"即服务"(aaS, as a Service)或者说"什么是服务",也可以有其它的定义或认知,甚至企业可以自己来定义,更甚至 aaS 可以成为一种经营理念或战略,如 IBM 对自己的转型。当 IBM 开始向服务转型之后,IBM 就明确把自己定义为"aaS":"IBM 即服务"。IBM 就是服务,这就是今天 IBM 对自己的定义,也是其对服务的定义。而 IBM 的云教育(IBM Cloud Education)也在讲解着各种不同的云服务,比如,除了 IaaS、PaaS、SaaS 之外,还有 FaaS(Function as a Service),功能即服务。所以,IaaS(基础架构即服务)、PaaS(平台即服务)、SaaS(软件即服务)这三种服务模型是云计算中比较通用的国际语言,有了这些标准化的语言,也便于统计。当然,这三种服务模型也是目前行业领跑者亚马逊的服务模型。

不过就像是 IBM 对自己的定义,自己即服务,所以,也不要看到统计数字中 IBM 的份额好像还没有太高而低估了 IBM。因为 IBM 还有自己的定义和核算,比如,按照 IBM 自己的业务数字,

2020年云计算销售额已经达到263亿美元，占据IBM全年销售额736亿美元的35.7%，2021年第一季度IBM云计算销售额为65亿美元，如果只按照行业统计数据来看，是看不到IBM有这么强的实力的。所以，在云计算上，IBM作为计算机行业的"老大哥"以及一个让自己完成了服务转型蜕变的"新人"，实力不容小觑。而今天在云计算上，IBM明显对标的就是世界第一的亚马逊，比如IBM会官方发布"与AWS相比，IBM的竞争优势""云供应商成本比较：IBM较低，AWS较高"，这从另一个角度也反映了亚马逊云（AWS）的行业地位。

而IBM于2019年花费340亿美元收购红帽，两者在云平台上的强强联合更是加强了IBM的平台优势。目前IBM云由四层服务——基础架构、平台、软件、IBM服务构成，其中平台正是由红帽来主导。这也是IBM和红帽的协同进化，全球顶尖的云计算技术公司红帽进入IBM的服务体系来一起进化，在云行业中共生。有了红帽的加持，IBM可以更好地提供服务，执行自己的服务战略，而红帽来到IBM也会在商业端找到更多施展自己技术才华的机会。所以，冠军宝座上的亚马逊云同样压力不小，不能掉以轻心。如果IBM可以在"即服务"上持续深耕，也有可能成为"隐形冠军"。

当然，这一切要靠真功夫，离不开扎实的积累。IBM的商业嗅觉一流，上世纪中期IBM做计算机就已经充分显现了其非常善于洞察商机，比纯技术者Univac更机敏，这也是IBM身上的商业基因。不过长久来看，在科技界，顶级的和高价值的公司依然是有真功夫的技术公司，最终拼的是实力，全球市值数一数二的苹果和亚马逊，以及天价卖给IBM的红帽都说明了这一点。沃尔玛靠的也是在物流上实打实的真功夫。而苹果和亚马逊这样的技术扎实的公司一旦真正和市场接轨会显示出惊人的爆发力，这也是IBM当年做个人电脑不挣钱的原因，因为钱最终都让微软和英特尔挣走了。也因此，IBM也在想办法夯实自己的技术。

事实上，以商业服务见长的IBM正在从技术层面协同红帽来增强其商业服务，而以技术见长的亚马逊则基于技术不断组建商业上的协同（不论是亚马逊自己的零售还是零售业外的商业服务）。所以，在云端不存在王不见王，在云端只有勇敢，没有逃避，只有勇士，没有逃兵，强者势必会全面相遇，包括很多国内外同行都会遇见彼此，这时候考验彼此的就是"不乱"，看谁可以在这一看似混乱甚至相互"使乱"的阵势中保持不乱，谁就可以战到最后。而当大家都不乱时，才可以真正把云做大，呈现出美丽的"朵朵白云"。这才是云分布的本质和广阔所在，就像是一片更大的蓝海，而非彼此厮杀的红海。当然，顾客永远是云的中心，更是企业的中心，这是不乱之本。

2021年4月21日，全球科技公司的专业调研机构高德纳（Gartner）发布了基础架构的市场表现数据，当日，阿里云和华为云的官方公众号同时发文，标题分别为"Gartner：阿里云全球第三，亚太第一"、"Gartner：华为云中国第二，全球前五"。2020年全球云计算IaaS的市场容量为639.3亿美元，其中，亚马逊占据40.8%，微软占据19.7%，阿里云占据9.5%，谷歌占据6.4%，在阿里云的发布中，除了这四位之外，其余占比为23.9%，这五部分构成了100%的蛋糕。在华为云的发布中，除了这四位之外，第五位就是华为云，占据4.2%，其余为第六部分，占比19.7%。

需要说明的是，与亚马逊类似，支撑线上零售平台的阿里云在国内更早启动，技术扎实并且一路都在夯实底层通信技术的华为虽然来得晚，不过也来势汹汹，劲头十足，而从信息疏通到数据存储，也显现了华为极为稳健和连续的战略节奏。所以，如同本书对华为的分析，华为始终不乱，在公司战略或业务布局上坚持着自己的节奏，不论是手机还是云计算，并不跟风，而是自己做好一个业务之后再做下一个业务。在华为发布的2020年业绩数据当中，华为全年销售额为8914亿人民币，企业业务成为消费者业务后的又一个快速增长点，首次突破千亿，达到1003亿，虽然华为没有公布其中云计算的具体销售数额，但是却公布了华为云是增长最快的部分，比去年增长了168%。如果以华为云公布的4.2%的全球IaaS占比计算，2020年华为云的基础架构销售额也达到了26.85亿美元，并且是在强势增长当中。

由此，在数字化时代，这个日益扩大的云蛋糕市场上也逐渐显现出群雄逐鹿的局面。而鉴于云计算主要服务的是企业或各类组织客户，提供云计算服务的企业本质上是与不同行业的客户组织协同共生的，由此，未来亦可能会有专注于特定行业的云计算服务企业爆发出极强的竞争力。这样的企业可能规模不会太大，但只要有足够的行业专注与积累，在特定行业就会有极强的优势。不过，即便如此，实事求是地讲，目前亚马逊云依然在全球市场保持着绝对的领先优势，这与亚马逊的提前布局与始终专注密切相关，而展望未来，贾西也任重道远，如同亚马逊厚积薄发的"飞轮"秘诀，依然不容松懈。坦白说，一个巨大的飞轮如果停了下来，再推可就更难了，所以，不论今天飞轮处在何种优势地位，也不能掉以轻心，哪怕飞轮本身已经更容易运转，也不能放松努力。这种精神或文化是亚马逊的灵魂。

带领云计算的贾西接起了亚马逊 CEO 的重任，除了亚马逊云对公司核心能力和绩效的贡献之外，也是因为贾西本身就是一个"老亚马逊人"，这是贾西在常年贡献业绩的过程中自然形成的一个优势。贾西如果可以真正显现出亚马逊的文化精髓，就像"没有"（实际上精神或影响还在）乔布斯的苹果一样在转一样，对于贝索斯卸任后的亚马逊"飞轮"的转动，未来同样可期。贾西自 1997 年就加入亚马逊，其见证更体现了亚马逊这个"飞轮"厚积薄发的过程，也是亚马逊文化形成的见证者和长期的守护者、践行者。这也可以用个人与组织契合理论的基本理念进行解释，一方面是能力的契合，另一方面是价值观的契合，这是彼此契合或协同的精要。

当巨石或飞轮被推动起来之后，巨石和飞轮就更容易自动或自发地走了，尤其是当一个领导者可以把自己积极的信念、正气或事业精神传递给更多成员后，一代影响一代，代代拥有这样的信念时，组织就更强了，这是文化的力量，也是自我管理或自驱动的力量。

05

综合的力量

管理要产生绩效，需要化繁为简，找到根本的逻辑和关键点，并付出行动。回到要做的事情，就是战略管理，聚焦是当中的关键点。在此基础上，还要组织起更大的力量，才能把事情做好，这就是组织管理，合力是当中的关键点。要真正形成合力，而不是内耗和冲突，就需要有共同的规则，这就是文化管理，规则是当中的关键点。最后，能否做好事情，能否行善，根本上取决于个体的内在约束，这就是自我管理，自律是当中的关键点。切中核心，并综合起来，便会出现成效，于管理而言，这是简单的艺术体现，也是综合的艺术体现。通用电气正是经典案例。

通用电气：进化中的重生

战略进化："数一数二"

爱迪生是伟大的发明家，可能也是最早的产品经理和企业家。自电灯的发明者爱迪生 1892 年创立了通用电气以来，通用电气迄今仍然是世界上最具竞争力的百年企业之一。不过，20 世纪 70 年代，通用电气业绩逐渐跌入谷底，电气巨人摇摇欲坠。通用电气能够重塑活力离不开一位众所周知的人物——杰克·韦尔奇（Jack Welch，1935—2020）。1960 年，化学博士韦尔奇毕业后进入通用电气工作，任塑料部（Plastics Department）化学工程师，1971 年任冶金与化工事业部（Metallurgical and Chemical divisions）总裁、公司副总裁，1977 年任公司高级副总裁，1979 年任公司副董事长，1981 年任公司 CEO，2001 年卸任。他把 41 年的职业生涯献给了通用电气，他也带给了通用电气巨大的改变。在上个世纪的最后 20 年，韦尔奇率领通用电气起死回生，韦尔奇也因此被称作世界上最伟大的 CEO。韦尔奇执掌通用电气的 20 年，通用电气的市值从 130 亿美元增长至 4800 亿美元。

韦尔奇的大名在商界如雷贯耳；更重要的是，在他任职期间通用电气起死回生的两项管理实践成了管理理论与实践中极为响亮的概念：一个是"数一数二"战略，一个是无边界组织。"数一数二"指的是战略,"无边界"指的是组织。战略和组织缺一不可,两个部分共同使通用电气重生。

当"数一数二"战略遇到无边界组织,才发生了产生绩效的协同作用。其中的化学反应在于,"数一数二"战略让通用电气聚焦了市场方向,而组织的无边界则最大限度地整合了内外部的力量在战略焦点上发力,由此激活通用电气。

组织进化:无边界组织

也许很多人都听过"聚焦战略"和"无边界组织"这两个词,但是又未必真正理解聚焦的战略逻辑和无边界的组织做法。如果我们说企业应该聚焦,很多企业都不会反对,甚至也都知道这一点,把它当作常识来看待。可是问题在于,很多时候,做着做着就由不得自己了,就"乱"了。一方面,企业本身会逐渐长大;另一方面,企业在长的过程当中总会遇到各种各样的机会,或者称之为"诱惑"更合适。企业起步时很容易聚焦,可是也许有一天自己不知不觉变成了庞然大物就难以做到聚焦了。而更可怕的是,这个庞大的身躯没有任何亮点,已经没有活力,危及了健康。这个时候,聚焦必须从言语变成行动。

这就是真正驱动通用电气聚焦的逻辑,并且它围绕聚焦采取了真实的行动。到了 20 世纪 70 年代,生产电灯起家的通用电气几乎成了无所不为的企业,体量很大,却在诸多业务当中都没有竞争力。于是就有了八十年代开始的"数一数二"战略，意思是关闭诸多业务，最后要做的业务，一定要做到行业内数一数二的位置。

在通用电气的"瘦身"运动中，最典型的就是韦尔奇上任之后率先出售空调业务和矿产业务。韦尔奇很坦诚，矿产业务他驾驭不了，这类业务的经营超出了他可以掌控的范围。即便自己再有能耐也很难有所作为，所以，还是让矿产业务回到其该隶属的矿产公司；而空调业务中规中矩，并不强，卖掉之后还能收回一部分现金。强势的韦尔奇并非不讲理的人，他不强求客观条件不允许的增长，甚至主动放弃；而对在主观努力上可以争取的目标，他不做任何妥协，会坚持到底。积聚内外力量，一步步壮大起来的信用卡业务就是其中的典型。

从研究通用汽车开始，德鲁克是最早关注美国现代大型企业的学者，他也是从1954年的《管理的实践》就开始关注"大企业病"和"组织健康"的学者。在德鲁克看来，对于组织来说，规模不是最重要的，健康成长才是。在韦尔奇就任通用电气CEO之前，德鲁克对韦尔奇提的一个尖锐问题敲醒了韦尔奇。德鲁克问韦尔奇："如果不是因为你早进入了这家企业，今天的这家企业你还愿意进来吗？"这让韦尔奇深刻反思公司的竞争力，而重塑竞争力的对策就是"数一数二"，这就是韦尔奇制定"数一数二"战略的起源。

而此时的大背景是美国企业的整体竞争力都在遭受日本企业的冲击，这让韦尔奇反思：落实竞争力策略的根本是人，是人的品质。所以，如同当时麦肯锡对日本企业的调研发现，日本企业的竞争优势来源于"软"性的文化要素，韦尔奇也重点关注了对人的行为引导。1981年12月8日，韦尔奇在就职CEO之初说："GE会成为什么样的公司？公司战略是什么？答案是'数一数二'，背后是无形的核心价值观，是GE的企业文化驱动，一是要直面现实，二是要在品质上追求卓越，三是直面现实和追求卓越的观念要渗透到每个人身上——这是'数一数二'的前提。"这句话来自韦尔奇履新8个月后对公众所作的"新GE"演讲，也是他的承诺。20年后，韦尔奇在卸任CEO时说："我离开的GE是一个汇集了拥有良好价值观和刚正不阿品质、全心投入、满腔热情之人的公司。"

文化进化：战略深入人心

如果只局限于理解战略本身，我们也只能对"数一数二"这个战略一知半解。因为战略的本质是一种行动，通用电气更厉害的地方在于把"数一数二"变成了公司的一套行动原则：不论是组织还是个人，要做就要做到最好，否则可能被淘汰。因此，"数一数二"是同时对个人和组织的约束，组织要聚焦，在这个前提之下，个人也要努力聚焦于任务和绩效。"数一数二"既是战略，又是规则,是组织和个人都要遵守的规则,力争"数一数二"也因此成为通用电气的文化特征。

当然,对于韦尔奇的"数一数二"战略以及由此引发的组织中的末位淘汰制,韦尔奇也受到过指责,被认为是有失公平,更偏向于优秀者,但韦尔奇依然坚持,没有妥协。在韦尔奇看来,难道不应该如此吗?这本是优胜劣汰的自然法则,是进化的必然。

这就是我们需要直面的生态法则,这种生态法则要求我们直面现实,更努力地成长。管理者如果不能肯定有积极贡献的人,让他们失去机会和希望,会造成整个组织的懈怠和活力丧失。这也正是管理需要聚焦绩效的原因。

用很通俗的话说,我们如果既想突破"固化",又反对或者不能做到"进化",就是有违公平的。所以,必须为所要取得的成绩而付出应有的代价。这是韦尔奇价值观的精髓。韦尔奇说:"我想改变人们的思维习惯,不能只想赚钱,越多越好,可就是不舍得投钱。"有投入才能有品质,要取得回报就要肯付出,这是非常朴素的价值观,而所谓末位淘汰的另一面是不让雷锋吃亏,是肯定奋斗者。从某种程度上讲,韦尔奇也在用20年"育人"。

自我进化:让更多人成长

此外,末位淘汰的方法今天之所以让一些人不太愿意接受,因为采用的企业可能只是形式上的接近,没有触碰到这个方法的根本点。一方面，末位淘汰的重点不在末位，淘汰也不是目的。如果一个人很努力还处在末位，应该让这个人去寻找适合其发挥的地方，韦尔奇反而担心长久不合适的岗位会耽误了一个人的前程；与此同时，可以给暂时处在末位的人在组织系统内再度选择的机会，当然前提是其与组织的价值观匹配。另一方面，末位淘汰也不是一味地表彰最前面的人。如果陷入这两个极端，末位淘汰方法不仅会难以被人接受，也无法发挥其应有的效果。实际上，末位淘汰应关注中间的人群，通常为"二七一"（前20%、中70%、末10%）的比例，中间70%的人又会分为"二七一"，关键就在这部分人中的"二"上，这部分人其实也有重要贡献，但往往不被人注意，他们才是韦尔奇特别强调的要注意到的"雷锋"。况且，这些人实际上是潜力股，是组织成长的骨干。真正的不让雷锋吃亏，是让更多人有成就感，有奋斗的奔头和希望，而非把所有的权力和资源都集中在一个人或极少数人身上。

管理者还是要依靠员工的，并且要体谅员工。韦尔奇在做副总裁的时候，曾有一位副董事长说公司的研发人员更在意荣誉称号，不在意金钱，对此，韦尔奇持不同意见。在韦尔奇看来，这位名利双收的副董事长恐怕忘了自己早年需要的是什么。这也是韦尔奇后来掌权后利他行动的认知背景：要利于真正做出贡献的人，不能只想着赚钱而不投钱。

同样，当用绩效和价值观两个维度来划分人时，韦尔奇已经知道可能会有这样的管理者出现：员工有绩效但不喜欢他。如果一个员工遇到这样的上司，韦尔奇还是建议员工面对现实，在受到委屈时不诉苦，而是用业绩说话——他自己也是这样成长过来的。韦尔奇在竞选 CEO 时就有一位副董事长明确给他投反对票，这让韦尔奇感到很讨厌，但韦尔奇最终还是放弃了个人的喜好与情绪，专注于业绩，最终用实力证明自己。

在企业选人上，韦尔奇认为看人的前提是品德，看一个人是否正直，所以韦尔奇才说一个人要很在意自己的品行和名声，因为这些履历都是可查的。对于团队成员来说，韦尔奇的要求是"4E+1P"，即活力（Energy）、赋能（Energize）、坚定（Edge）、执行力（Execute）、热情（Passion）。好的团队成员自己要充满活力，有正能量，同时还能向身边的人传递正能量，彼此相互支持和鼓励，彼此赋能，并在行动上向着目标坚定不移，解决问题时要有行动而不只是口头讨论。最后，还要充满热情，因为热情是可以提升效率的。

在韦尔奇看来，一个爱争辩而行动力不足的人是会影响整体效率的，这样的人并不聪慧。《道德经》说："上士闻道，勤而行之；中士闻道，若存若亡；下士闻道，大笑之。"在听"道"的时候，资质上乘的人会采取行动，资质中等的人可能会记住也可能记不住，资质较差的人反而对"道"哈哈大笑。从某种程度上讲，比一个人的才干更重要的，是其对一个组织的"道"或者文化的接纳与实践，这样的人才是一个组织需要的人。

在选拔高层时，韦尔奇则回到品格或者说魅力上来。高层要拥有四点特质：一是不因高压变形，高层要承受更大的压力甚至诱惑，但行为不能因此变形；二是对未来承担责任，领导者要引领变革，不能停留在既有成就上，做到了一个"数一数二"之后，还要继续开创下一个"数一数二"，持续增长，才能拥有未来；三是爱才，要容得下比自己优秀的人，不爱才的人不论个人才干如何，都不能担任高层管理者，因为他会淹没更多有才干的人；四是在失败时依然振作。

具备基本品德的一般员工、具备行动力的团队成员、具备英雄本色的高阶人员，这些人才的聚合奠定了通用电气的绩效基础。这就是通用电气"人"的进化方向，也是韦尔奇在卸任时所描述的通用电气的样子。在文化上师从通用电气的阿里巴巴实际上采取的也是这样的文化建设与竞争力发展逻辑；海尔更是如此，从战略到组织都能从通用电气找到一些渊源或相通之处；华为也是如此，华为最厉害的实际上是"华为人"。

当然，如果一个人到了一个不追求上进或者不以努力为底色的企业，那么即便一时舒适或安逸，也会随着这家企业一起堕落，因为这样的企业是非常危险的。人生如逆水行舟，不进则退，世界级百年企业尚且如此，何况你我呢？

"数一数二"其实是要求我们高度自律,把自己约束成为一个"组织人""社会人",或者说可以进化成为一个能够在组织或社会中生存的人,而对生存目标的要求越高,如"数一数二",越需要更高度的自律,这也是组织和人的成功之道。

个体的自控能力和对环境的适应能力实际上是一枚硬币的两面,用自律去进化是自然界中的生存法则,是生存之道。认识到这些,不论我们现在身在何处,我们的心都可以安定下来,保持不乱,用自律的行动向着目标前进。这种安心,这种不乱,本身就是一种幸福。

从顶层设计到行动支撑

通用电气用无边界组织救活了自己,"无边界组织"也成为组织理论中的前沿概念,于是有些企业就把这个概念拿来自己用,结果发现并不见效。可以说,这些企业并不能真正理解无边界组织,并不知道无边界组织的具体做法,甚至都不知道组织结构应该怎样构建。所以,学习通用电气的无边界组织一定不能只做表面功夫。并且,即便企业知晓通用电气形成无边界组织的整个过程,也有可能依然不能把握精髓。最重要的是看到最关键的环节。其实在整个通用电气无边界组织的改造或者建设当中,非常关键和巧妙的设计在于,通用电气是一点一点调整组织的,而不是一上来就把公司整体变成了无边界组织。事实上，无边界组织只是一个试点的成功经验而已，最后通用电气才把这个经验推广到整个组织范围。这个试点就是通用电气的信用卡业务。试点变革之前，信用卡业务被比作年迈的老人，卖给谁谁都不要，最后只得保留在公司。

试点的艺术

试点很重要。想想为什么改革开放拿深圳这个小渔村来试点？因为其一无所有，由零开始，风险也小。一无所有，也意味着敢于背水一战，豁得出去。从另外一个角度来说，试点也是一种聚焦，因为资源有限，需要一个点一个点地去做，才能一点点把事情做成。如果我们这样来看待一无所有，能够认知到"空"的力量，拥有一切归零的空杯心态，那么也会形成一种正向的积极力量。深圳是个"空"城，从零做起，后面有了深圳速度，而大都会短时间内很难做到这一点。一群拥有空杯心态、肯吃苦的人在一个天然是空杯的城市中从零开始创造，才有了这座40年前不敢想象的豪华的"未来之城"。当然，今天这座城市已经成功，当地的诸多企业也成功了，这座城市里的成功者更是不计其数，这个时候才是真正考验空杯心态的关键时刻。几乎被认为是最成功的企业华为首先就站出来说，华为没有成功，并且永远不会成功，只有成长——华为人永远是肯吃苦的奋斗者，以此永续美好未来。由诸多成功企业支撑的深圳拥有创新的希望，甚至这对中国改革开放四十多年都是极为重要的正能量。

实际上，韦尔奇上任时只有130亿美元市值的通用电气已经是座"空城"了，但这才让其"数一数二"和"无边界组织"大有可为，支撑通用电气有了从市值130亿美元到4800亿美元的巨大成长空间。

的确是唯有悟空，才能施展七十二般变化。

把改革开放和深圳与通用电气和信用卡业务放在一起，会观察到非常奇妙的相同之处。几乎是发生在同一时间：一个是中国的改革开放，一个是通用电气的无边界组织；一个是从一无所有的深圳做开放试点，一个是从一无所有的信用开业务做开放试点。事实证明，改革开放是对的，无边界组织也是对的，而这两种相似的组织变革之所以可以成为有效的变革，原因在于从试点开始逐渐推进。所以，当我们在改革开放的大背景之下去讨论今天中国企业的变化与发展时，不要忘了，改革开放本身就是组织变革的典范。

业务的焦点

通用电气在信用卡这个业务试点上，经过了战略聚焦和结构调整。先是遵从通用电气"数一数二"的战略行动原则，不做那么多的信用卡业务，聚焦在零售商的信用卡业务上。随后在组织设计上，信用卡业务部的做法是，开放垂直边界和内外边界。

开放垂直边界的意思是，老板不再是上级，顾客才是业务部门的老板。这个做法的本质是消除了一个庞大机构的内部官僚主义，业务经理要听顾客的，换言之，顾客才是真正的业务经理。海尔所谓把金字塔结构倒置，让组织形成顾客导向的倒三角，也可以追溯到通用的这种尝试。

开放内外边界的意思是，整合内外部的一切力量。一方面是内部各个部门通力合作，另一方面是联合外部价值链的伙伴，这些内外部的力量共同来服务顾客这个老板。各个业务中心实际上由内外部伙伴构成，统一为顾客来服务。

因为聚焦，因为无边界组织的力量向焦点发力，通用电气的信用卡业务像一个年迈的老人重新焕发出青春的活力，在美国零售商信用卡市场上站稳了脚跟。到了20世纪90年代，通用的信用卡业务在美国市场已经接近饱和，而还有一定的供应能力，于是伴随整个九十年代美国开启的全球化浪潮，通用将信用卡业务做了全球化布局。而这个过程让通用电气又收获了一个无边界组织的新经验：运用文化的规则。组织越无边界，组织越大，越容易散乱，越需要规则来凝固组织。

在巴比伦塔的故事中，一些人想建造一座高塔，可是最后因为彼此语言不通，陷入内耗，这座高塔最终没能建造起来。这个高塔就像是一个组织，如果大家不能齐心协力，一定不会搭出一台好戏。

企业越大，越容易晃动，其实根本原因不是外面的风大，而是塔的结构本身不够稳固。而决定塔身稳定的正是各个结构单元能否相互加持，每个人之间能否团结一致。从这角度看，大企业的风险大，跨国公司的风险更大，但是根源还是组织自身的聚合力如何。

对于全球化时期的信用卡业务来说，因为各个地区的语言和文化不同，如果大家不能达成共识，整个组织也许会垮掉，也许会失去竞争力，于是通用电气信用卡全球业务部制定了21条全球统一的经营准则，让大家有共同的语境和工作方法。

当然，用文化加固组织并不是说让组织变得僵化。一方面，文化要作为共同的规则让组织中的不同个体和部分协作，从而让组织这个塔身的结构粘合起来。另一方面，文化除了作为共同规则的功能之外，还要起到改变的作用。通用电气愿意瘦身，改变自己的身形，这样，组织这个高塔才能有型，才能立于不败之地。接受变化，肯做出改变，亦是进化的生存规则，这种有规则的律动或行动，就是文化。文化是有"形状"、有规则的。

有了"数一数二"战略和无边界组织的顶层设计，更有文化规则和自我约束的强力支撑，才塑造出通用电气扎实的竞争力。把战略、组织、文化、自我管理连为一体，综合起来，就是管理的艺术。战略聚焦、组织无界、文化有形、自我进化，缺一不可，这就是综合管理的艺术。

综合而又简单的艺术

综合本身就是一种管理的艺术，把各个必要环节或关键行动组合在一起，进而达成目标。所以，管理需要有综合的知识，在管理学知识内部，要综合战略、组织、文化与自我管理的知识，而在管理学知识外部，还要吸收各相关学科的智慧，从而让管理本身更具有智慧，可以更好地实践，以达成目标。内外综合构成了系统的管理学知识。综合意味着博采众长，但不应离开根本：当聚焦管理的有效目标时，我们就不会是为了综合而综合，不会乱，而会把握关键，对准目标。这样的不乱，就是综合而又简单的艺术。综合实际上是一种对准目标这口深井的纵深研究，要集合一切最重要的力量形成凿井的工具，从而通过一层层的理论演进和案例解释，把这个主题穿透、说透。

社会学和政治经济学出身的德鲁克是强调管理要有综合知识的代表。如同德鲁克先生的教导，"管理者应该融合哲学、心理学、经济学、历史学、伦理学中的人文社会科学洞见，并将这种综合的管理知识应用在改善自己的工作成果上，如治病救人、教书育人、建造桥梁，研发和营销真正对顾客友善的软件产品等"。由此，"现代管理学之父"德鲁克指明了管理学的进化方向：管

综合的力量

理是一种实践,为了保证实践有更好的成果,管理学需要综合吸收多学科的智慧。

万法归宗,任何事物、个体、组织、社会,都可以经过"管理"而"不乱",向更加美好的方向"进化",这就是本书表达的哲学与实践。这就需要我们在纷繁的世界中保持简单,能够做到化繁为简,抓住重点,能捋出清晰的思路和脉络。

保持简单,这与武术家李小龙先生的截拳道也相通。李小龙创立的截拳道其实不只是一套功夫技法,而是一种"道",这是哲学出身的李小龙的独到之处。截拳道的"道"在于综合学习各门派的智慧,博采众长,最后在搏击实践中表现出极简的力量。比如,以咏春聚焦中线的极简法则和路径为基础,综合学习菲律宾的双节棍,拳击、空手道和跆拳道中的步伐和拳脚功夫,进而有了李小龙的功夫哲学"截拳道"。所以,李小龙被誉为"综合格斗之父"。

2020年11月,中央电视台纪录频道播出了纪录片《八角笼里的中国力量》。八角笼是世界顶级格斗赛事UFC(Ultimate Fighting Championship,终极格斗冠军赛)的标志,也就是环绕擂台的八边形边界。纪录片的开篇是这样的:"早在上世纪六十年代,李小龙就已经通过大量地改良训练工具和改进训练方法,开始跨流派、跨领域的交叉训练,以及踢打摔拿无限制的综合技击实践。这被国内外的一些武术评论者视为现代综合格斗运动全球化的起始。到了1993年，世界第一次终极格斗大赛的创办，更是让这项运动风靡全球，成为了无数练武之人心中的神圣舞台。"紧接着这段介绍，就展示了中国军队的力量。为了更好地保家卫国，我国部队也在加强军人的综合格斗能力，如近两年的陆军"特战奇兵"考核比武擂台格斗，并邀请综合格斗的高手到部队来帮助军人训练实战能力。

时间再往前推半年多，2020年3月8日，中国选手张伟丽在美国战胜了波兰选手乔安娜，成为第一位来自的亚洲UFC世界冠军。当时正是全球疫情爆发的初期，张伟丽的对手在赛前向她说了很多脏话，侮辱她，甚至污蔑中国。对此，张伟丽方寸不乱，在赛场上用强有力的实力做出了回击。

赛后，中央电视台《面对面》栏目以"格斗的逻辑"为主题访谈了张伟丽。其格斗的逻辑正是在于要靠真功夫取胜。一是扎实的训练。张伟丽是专业的散打运动员，这让她有踏实的长期训练。二是技术全面，这是综合格斗的关键，也是实战所必备的要求。所以，她特别重视中国传统武术，把太极拳、通臂拳中的关键技术运用到格斗当中。三是解放思想，不被技术本身所禁锢，要保持灵活，否则技术就发挥不出来。这三点也让张伟丽从一名散打运动员"进化"成为一位实力强劲的综合格斗选手。所以，"进化"本身就是一个刻苦修炼的过程。是否拥有这个真实的进化过程，会决定一个人的实战水平，这个"格斗的逻辑"和讲求实战的"管理的实践"大道相通。

本书提倡的"综合管理"（Mixed Managerial Arts, MMA）和"综合格斗"（Mixed Martial Arts, MMA）异曲同工，都是为了更有效地实践而综合必要的知识，并积累成管理上的真功夫：综合管理各个关键活动，综合东西方智慧，综合各个学科智慧；综合而又简单，集合智慧但目标清晰，保持不乱。有如综合带给格斗力量，这种"合力"也会让管理更具效力。

本书正沿着德鲁克指明的管理进化方向，将"不乱"作为"极简管理的艺术"的基础，不断将管理向一门"综合而又简单的艺术"进化。

参考文献

阿什肯纳斯 R，尤里奇 D，吉克 T，克尔 S. 无边界组织 [M]. 姜文波，刘丽君，康至军，译. 北京：机械工业出版社，2016.

艾萨克森 W. 史蒂夫·乔布斯传 [M]. 管延圻，魏群，余倩，赵萌萌，译. 北京：中信出版社，2014.

埃文斯 H，巴克兰 D，列菲 D. 他们创造了美国 [M]. 倪波，蒲定东，高华斌，玉书，译. 北京：中信出版社，2013.

埃德莎姆 Y H. 德鲁克的最后忠告 [M]. 吴振阳，倪建明，等译. 北京：机械工业出版社，2008.

巴纳德 C I. 经理人员的职能 [M]. 王永贵，译. 北京：机械工业出版社，2007.

彼得斯 T J，沃特曼 R H. 追求卓越 [M]. 胡玮珊，译. 北京：中信出版社，2007.

波特 M E. 竞争战略 [M]. 陈小悦，译. 北京：华夏出版社，2005.

曹永刚. 从常识到思想的距离——与德胜（苏州）洋楼有限公司总监聂圣哲先生的对话 [J]. 人力资源，2010，（11）：6-10.

陈春花，刘祯. 阿里巴巴：用价值观领导"非正式经济事业" [J]. 管理学报，2013，10（1）：22-29.

陈春花，刘祯. 水样组织：一个新的组织概念 [J]. 外国经济与管理，2017，39（7）：3-14.

陈春花，刘祯. 选择成就卓越——吉姆·柯林斯最新管理研究成果综述 [J]. 管理学家（学术版），2012，（3）：33-46.

陈春花，赵曙明，赵海然. 领先之道 [M]. 北京：机械工业出版社，2016.

陈春花. 从理念到行为习惯 [M]. 北京：机械工业出版社，2016.

陈春花. 管理的常识 [M]. 北京：机械工业出版社，2016.

陈春花. 价值共生 [M]. 北京：人民邮电出版社，2021.

大内 W O. Z理论 [M]. 朱雁斌，译. 北京：机械工业出版社，2007.

参考文献

德鲁克 P F. 21世纪的管理挑战 [M]. 朱雁斌，译. 北京：机械工业出版社，2006.

德鲁克 P F. 成果管理 [M]. 朱雁斌，译. 北京：机械工业出版社，2008.

德鲁克 P F. 创新与企业家精神 [M]. 蔡文燕，译. 北京：机械工业出版社，2009.

德鲁克 P F. 公司的概念 [M]. 慕凤丽，译. 北京：机械工业出版社，2009.

德鲁克 P F. 功能社会 [M]. 曾琳，译. 北京：机械工业出版社，2009.

德鲁克 P F. 管理的实践 [M]. 齐若兰，译. 北京：机械工业出版社，2008.

迪尔 T E，肯尼迪 A A. 企业文化：企业生活中的礼仪与仪式 [M]. 李原，孙健敏，译. 北京：中国人民大学出版社，2008.

定宜庄，张海燕，邢新欣. 个人叙述中的同仁堂历史 [M]. 北京：北京出版集团，2014.

法格博格 J，莫利 D，纳尔逊 L. 牛津创新手册 [M]. 柳卸林，郑刚，蔺雷，李纪珍，译. 北京：知识产权出版社，2009.

法约尔 H. 工业管理与一般管理 [M]. 迟力耕，张璇，译. 北京：机械工业出版社，2007.

郭士纳 L. 谁说大象不能跳舞？[M]. 张秀琴，音正权，译. 北京：中信出版社，2010.

海因里奇 T，巴彻勒 B. 温柔的力量 [M]. 夏璐，徐雯菲，译. 上海：上海远东出版社，2008.

亨廷顿 L E，哈里森 S P. 文化的重要作用 [M]. 程克雄，译. 北京：新华出版社，2010.

金 W C，莫博涅 R. 蓝海战略 [M]. 吉宓，译. 北京：商务印书馆，2016.

柯林斯 J，波勒斯 J I. 基业长青 [M]. 真如，译. 北京：中信出版社，2009.

柯林斯 J. 从优秀到卓越 [M]. 俞利军，译. 北京：中信出版社，2009.

雷恩 D A. 管理思想史 [M]. 孙健敏，黄小勇，李原，译. 北京：中国人民大学出版社，2009.

林语堂. 人生的盛宴 [M]. 南京：江苏文艺出版社，2009.

刘祯，陈春花，徐梅鑫. 经营、管理与效率：来自管理经典理论的价值贡献 [J]. 管理学报，2012，9（9）：1268-1276.

刘祯，陈春花. 个人与组织契合的内涵及研究展望 [J]. 管理学报，2011，8（2）：173-178.

刘祯，陈春花. 顾客价值驱动的个人与组织契合：华为带给中国企业持续成长的启示 [A]. 席西民. 第三届"管理学在中国"学术研讨会论文集 [C]. Irvine：

Scientific Research Publishing，2010.

刘祯，徐梅鑫，王家宝. 刘永好：领先半步 [M]. 北京：新世界出版社，2016

刘祯. 不乱 [M]. 上海：文汇出版社，2020.

刘祯. 管理的5项修炼 [M]. 北京：经济管理出版社，2021.

刘祯. 管理的内容 [M]. 上海：上海交通大学出版社，2017.

刘祯. 通过个人-组织契合减少员工反生产行为 —— 德胜洋楼的成功事例[J]. 管理学家（学术版），2012，（12）：24-37.

刘祯. 效率革命 [M]. 杭州：浙江大学出版社，2019.

刘祯. 一本书读懂绩效管理 [M]. 北京：中国友谊出版社，2019.

刘祯. 重新定义核心能力 [J]. 清华管理评论，2018，（12）：101-105.

骆守俭. IPD —— 运用BPR再造企业新产品开发流程 [J]. 研究与发展管理，2000，12（5）：5-29.

梅奥 G E. 工业文明的人类问题 [M]. 陆小斌，译. 北京：电子工业出版社，2013.

聂圣哲. 管理的灵魂是教育 [J]. 21世纪商业评论. 2008，（10）：34-37.

钱德勒 A D. 战略与结构 [M]. 孟昕，译. 昆明：云南人民出版社，2002.

塞姆勒 R. 塞氏企业：设计未来组织新模式 [M]. 师东平，欧阳韬，译. 杭州：浙江人民出版社，2016.

斯密 A. 国富论：国民财富的性质和起因的研究[M]. 谢祖钧，译. 北京：新世界出版社，2007.

苏勇. 改变世界：中国杰出企业家管理思想精粹 [M]. 北京：企业管理出版社，2016.

泰勒 F W. 科学管理原理 [M]. 马风才，译. 北京：机械工业出版社，2009.

田炜华. 华为VS中兴：狼与牛的缠斗[J]. 中国企业家，2000，（10）：50-52.

同仁堂集团. 同仁堂史 [M]. 北京：人民日报出版社，1993.

韦尔奇 J，拜恩 J A. 杰克·韦尔奇自传 [M]. 曹彦博，孙立明，丁浩，译. 北京：中信出版社，2013.

沃纳 M. 管理思想全书 [M]. 韦福祥，译. 北京：人民邮电出版社，2009.

项兵. 任正非改造华为"三部曲"[J]. IT时代周刊，2009，（9）：64-66.

谢家华. 三双鞋：美捷步总裁谢家华自述 [M]. 谢传刚，译. 北京：中国工商联合出版社，2011.

扬 J S，西蒙 W L. 活着就为改变世界 [M]. 蒋永军，译. 北京：中信出版社，2010.

乐崇熙. 清平乐：北京同仁堂创始人乐家轶事 [M]. 北京：东方出版社，2013.

乐凤鸣. 同仁堂药目 [M]. 北京：学苑出版社，2011.

乐民成. 国药世家三百年 [M]. 北京：中国中医药出版社，2012.

周志友. 德胜员工守则 [M]. 合肥：安徽人民出版社，2006.

Ansoff H I. Corporate Strategy [M]. New York：McGraw-Hill，1965.

Ansoff H I. Strategies for Diversification [J]. Harvard Business Review，1957，35 (5)：113-124.

Barney J B. Firm Resources and Sustained Competitive Advantage [J]. Journal of Management，1991，17 (1)：99-120.

Barney J B. Organizational Culture：Can it be a Source of Competitive advantage? [J]. Academy of Management Review，1986，11 (3)：656-665.

Bennis W G. Organization Development [M]. New York：Addison-Wesley，1969.

Carpenter M A，Sanders W G. Strategy Management: A Dynamic Perspective [M]. New York: Pearson Education，2007.

Collins J. Turning the Flywheel: A Monograph to Accompany Good to Great [M]. New York: Harper Business，2019.

Chandler A D, McCraw T K, Tedlow R S. Management Past and Present: A Casebook on American Business History [M]. Cincinnati: South-Western College Publishing, 1996.

Drucker P F. The Discipline of Innovation [J]. Harvard Business Review，1985，63 (3)：67-72.

Drucker P F. The New Realities [M]. New York：Harper & Row，1989.

Drucker P F. What Makes an Effective Executive? [J]. Harvard Business Review，2004，82 (6)：58-63.

Deming W E. Out of Crisis [M]. Cambridge：The MIT Press，2000.

Evans H. The Eureka Myth [J]. Harvard Business Review，2005，83 (6)：18-20.

Evans H，Buckland G，Lefer D. They Made America: From the Steam Engine to the Search Engine: Two Centuries of Innovators [M]. New York：Little, Brown and Company，2004.

Herzberg F. One More Time：How Do You Motivate Employees? [J]. Harvard Business Review，1968，46 (1)：53-62.

Ishikawa K. What is Total Quality Control? The Japanese Way [M]. Englewood Cliffs：Prentice Hall，1985.

Jay A. Management and Machiavelli: An Inquiry Into the Politics of Corporate Life [M]. New York: Holt, Rinehart and Winston, 1967.

Johnson P F. Supply Chain Management at Wal-Mart [A]. In Wei X, Beamish P W. Ivey Business School Selected Cases [C]. Shanghai: Truth and Wisdom Press, 2014.

Kim W C, Mauborgne R. Blue Ocean Strategy [M]. Boston: Harvard Business School Press, 2005.

Kotler P, Levy S J. Broadening the Concept of Marketing [J]. Journal of the Marketing, 1969, 33 (1): 10-15.

Kotter J P. A Force for Change: How Leadership Differs from Management [M]. New York: Free Press, 1990.

Landes D S. The Wealth and Poverty of Nations: Why Some Are So Rich and Some So Poor [M]. New York: Norton, 1998.

Levitt T. Marketing Myopia [J]. Harvard Business Review, 1960, 38 (4): 45-56.

Maslow A H. A Theory of Human Motivation [J]. Psychological Review, 1943, 50 (4): 370-396.

Maslow A H. The Farther Reaches of Human Nature [M]. New York: Viking Press, 1971.

McClelland D C. The Achieving Society [M]. New York: Free Press, 1961.

McGregor D. The Human Side of Enterprise [M]. New York: McGraw-Hill, 1960.

Nicholson J S. A Project of Empire: A Critical Study of the Economics of Imperialism, with Special Reference of the Ideas of Adam Smith [M]. London: Macmillan, 1909.

Prahalad C K, Hamel G. The Core Competence of the Corporation [J]. Harvard Business Review, 1990, 68 (3): 79-71.

Schein E H. Coming to a New Awareness of Organizational Culture [J]. Sloan Management Review, 1984, 25 (2): 3-16.

Schein E H. Organizational Psychology [M]. Englewood Cliffs: Prentice Hall, 1965.

Senge P M. The Fifth Discipline: The Art and Practice of the Learning Organization [M]. New York: Doubleday Currency, 1990.

Simon H A. Administrative Behavior [M]. 4th ed. New York: Free Press, 1997.

Walton S, Huey J. Made in America [M]. New York: Bantam, 1993.

仁者长青

同仁堂进化史

刘祯 著

百年品牌
管理进化案例

目　录

进化要遵循规律 / 1
　进化的规律：没有一劳永逸，不进则退 / 2
　跌宕起伏的企业进化史 / 3
　　第一阶段：同仁堂的创业（1669—1688） / 4
　　第二阶段：同仁堂的首次交接和再度发展（1688—1723） / 5
　　第三阶段：供奉御药时期的同仁堂（1723—1911） / 5
　　第四阶段：辛亥革命至新中国成立前的同仁堂（1911—1949） / 6
　　第五阶段：新中国成立后的同仁堂（1949 年至今） / 6

稳步进化：一步一步解决进化中的问题 / 7
　　问题一：草根何以创业？ / 7
　　问题二：企业何以交接？ / 7
　　问题三：何以在逆境中生长？ / 8
　　问题四：人多何以聚力？ / 8
　　问题五：何以老而不衰？ / 9
　草根创业：广结善缘 / 9
　　事件一：朝廷大臣推荐乐显扬成为官医 / 10
　　事件二：乐显扬任职皇家太医院吏目 / 10
　　事件三：乐显扬弃官从商 / 10

低潮的时期。道光二十三年（1843年），同仁堂重归乐家，由乐平泉经营。自此，同仁堂结束了长达90年的外姓经营时期。

1880年乐平泉去世后，同仁堂由其夫人许叶芬经营，直至1907年许氏去世。乐平泉收回同仁堂并为同仁堂重新注入活力，而许叶芬带领同仁堂经历了义和团运动和八国联军侵华的艰难时期。与乐凤鸣一样，乐平泉和许叶芬成为同仁堂发展史中的重要人物。

第四阶段：辛亥革命至新中国成立前的同仁堂（1911—1949）

从辛亥革命至新中国成立前的同仁堂主要由乐家新"四大房"经营。根据乐家族谱，创始人乐显扬四子被称作老"四大房"，乐平泉四子则被称为新"四大房"。共管时期，四房以乐家老铺的招牌在各地开设分号：据乐民成统计，有41家。

根据乐家族谱，这一时期是乐家最为人丁兴旺的时期，但从结果看，这一时期的同仁堂并不兴旺。新中国成立前，同仁堂设备陈旧，铺务管理陷入困境，已经到了濒临破产的地步。

第五阶段：新中国成立后的同仁堂（1949年至今）

新中国成立初期，同仁堂陷于无人管理的状态，乐松生被职工代表推选为同仁堂经理。1954年，乐松生带头申请公私合营。由于在工商界的地位和声望，同仁堂带动了许多民族工业者积极参加公私合营，产生了良好的社会影响。同仁堂于1954年成为公私合营企业，1966年转为国营企业。

新中国成立后，同仁堂进入高速发展时期，不仅总量显著增加，人均效率也极大提高。同仁堂的高速发展一直持续到"文革"前夕。1966年，同仁堂转为国营后，经历了十年艰难的岁月。其间，1669年乐显扬立的老匾被毁，同仁堂的牌子被取消，产品被改名，科研中断。尽管同仁堂仍然营业，但已无法体现其传统特色。例如，"再造丸"被改为"半身不遂丸"，诸如此类的乱改大大影响了顾客对同仁堂的信任。党的十一届三中全会后，同仁堂重获新生。1992年，同仁堂集团成立，至今已发展成为中医药行业的标志性企业。

稳步进化：一步一步解决进化中的问题

过去350多年，同仁堂的发展并非一帆风顺，而是历经了起起伏伏：概括起来，有四段事业良性发展时期和三段事业低迷时期。

第一段良性发展时期出现在乐显扬创业和乐凤鸣的二次创业时期；第二段良性发展时期是乐平泉收回祖业以及与夫人许叶芬相继经营同仁堂的时期；第三段良性发展时期则是新中国成立初期由乐松生经营的时期；第四段良性发展时期出现在改革开放之后。

第一段低迷时期出现在同仁堂交由外姓经营的时期；第二段低迷时期是辛亥革命至新中国成立前四房共管的时期；第三段低迷时期则出现在"文革"时期。

如此梳理成长脉络后，企业进化的关键问题显现出来。提出和理解这些关键问题，有助于我们探索经营事业或做好事情的基本原理。

问题一：草根何以创业？

同仁堂创始人乐显扬作为一名铃医，是一位普通的百姓和一名典型的草根，但他完成了同仁堂的创业。从一名铃医到创立同仁堂药室，乐显扬是如何完成这一"逆袭"的？从中是否可以总结出草根成功创业的关键要素？

问题二：企业何以交接？

改革开放以来，中国涌现出一批成功创业的企业家和民营企业，经过四十多年的发展，很多民营企业都到了与下一代交接的时期。从发展为百年甚至几百年企业的目标来看，交接至关重要。如果无法传承，先前的事业就可能不复存在。具有开创精神的乐显扬是典型的企业家，乐凤鸣作为企业的二代传人，不仅成功继承了父亲的事业，并将其发扬光大。

作为"创业者"和"二代传人"，乐显扬和乐凤鸣父子是如何交接的？乐凤鸣又是如何将事业发展壮大的？

同仁堂之前已经在朝廷为官。回顾同仁堂三百多年的历史，无论是在新中国成立之前还是之后，都得到过政府的帮助，看似同仁堂天生就有很好的政府关系；但这种看法非常表面。从历史渊源来讲，同仁堂得到政府支持的确可以追溯至创立伊始，但这不是同仁堂天然就有的，这种资源的获得必定有其原因。没有平白无故的运气，这一点对于草根创业者而言必须应当明确。沿着这条线索，笔者进一步发现了三个重要事件。

事件一：朝廷大臣推荐乐显扬成为官医

康熙四年，北京发生地震，伤者很多，其中有一位秀才刚刚考中了举人。他在中举之后的兴奋之情还未定，就因地震受伤并受到惊吓。乐显扬为他诊治时发现他已经患上严重的精神病，必须安定下来及时治疗和调养。为了不耽误病人，乐显扬没有直接给病人开方拿药，而是建议他赶快去找专治这种疾病的医生。病人按照乐显扬的嘱咐找到了医生，不久痊愈。因此，这位病人对乐显扬的医术、医德极为钦佩。

举人病好后继续读书，考中进士，后被派到礼部任职。任职期间，他将乐显扬视作名医推荐给主管太医院的亲王。乐显扬被亲王选中，并被推荐至皇家太医院，成为官医。

事件二：乐显扬任职皇家太医院吏目

乐显扬进入太医院后，担任太医院吏目，后又被封为登仕郎、中宪大夫。乐显扬从事吏目的主要工作是整理太医院文档，这使得乐显扬接触到了太医院的诸多医药处方。乐显扬在太医院的所见所闻，令其全方位了解到正规治病和制药部门所应该采用的体制与格局，以及工艺流程等正统模式。乐显扬将这些药方和流程牢记下来，从而为同仁堂的事业奠定了重要根基。

事件三：乐显扬弃官从商

乐显扬任职期间，永定河泛滥，致使京郊西南各县汪洋一片，洪涝导致疫病蔓延。康熙下令太医院官吏奔赴郊区，为百姓治病。乐显扬奉命下乡，救治了不少民众。但是，救灾期间，有些官吏趁机贪污赈济银款。乐显扬感叹："可以养生、可以济人者，唯医药为最。"自此，乐显扬抱着"济世养生为医药"的宗旨,在康熙八年辞官回家,创立了同仁堂,专心为百姓治病。

这三个事件构成了乐显扬从草根到官医再到创业的基本脉络。分析这一历程,可以提炼出乐显扬作为草根成功创业的三个关键要素:

(1)诚信。诚信为首要元素。草根尽管一开始可能没有太多资源,但是,只要愿意,任何人都可以拥有和付出诚信,而诚信会为创业所需的资源打下基础。乐显扬得到的资源支持或机会正来源于其良好的医德。不论行医还是经商,良心是本。几代人用良心行医积攒下的口碑,才是取得顾客和政府信任的根本。

(2)知识。乐显扬在太医院做的两件要事,实质都是在学习,一是参阅了大量宝贵文献,二是观察了规范化的流程运作。知识积累构成了其创业的必要条件。

(3)意义。乐显扬放弃做官而选择创立同仁堂,是基于一种清晰的价值判断和选择,在他看来,后者在当时的情境下更加有意义。从中可以看到,创业者真正做的并不只是创立一家企业,而是做一件坚信有价值、有意义的事情,企业实则是承载这一事情的载体。创业是要有足够意义支撑的,是创业者真正的热爱所在,因此,创业者才愿意放弃其他选择,全力聚焦于这项事业。乐显扬真正想做的是济世救人,他意识到,继续做官是难以承载和实现这种意义的,于是他弃官从商,创立同仁堂作为其创造意义和价值的事业载体。

诚信、知识、意义,是任何希望获得成功的创业者必须具备的。失去诚信,意味着资源和关系等各种机会的丧失;不具备知识,也就不具备创业的前提条件;不以意义为导向的创业,注定不会长久。

事业传承:坚守与创新

第二个历史实践是从乐显扬到乐凤鸣的传承与创新,是同仁堂从优秀到卓越。

乐凤鸣创立同仁堂药铺,出版《同仁堂要目》,供奉御药,这些都是结果,需要探索其中成功的原因。作为乐显扬之子,乐凤鸣是标准的创业者的第二代。子承父业，成功与否，因素的确有很多。例如，有的子女可能有所谓遗传的商业天赋，但有的并不具备这种天赋；有的赶上了比上一代更好或者更差的外部环境。尽管存在这些因素，但它们是很难被改变或被左右的。笔者更关注乐显扬和乐凤鸣父子自身的实践，以期获得一些启示。

做法一：乐显扬对幼年乐凤鸣的启蒙教育

乐凤鸣选择继承并发扬同仁堂是受到自己儿时经历的影响。

乐显扬在乐凤鸣幼年时就向他讲述自己的人生经历和医药知识。这种启蒙教育对孩子的影响并非直接的，因为孩子并不真能理解这些人生道理和专业知识。所以，青年乐凤鸣和很多同时代的青年一样，参加科举，追求功名利禄。但是，到了中年，有了一定人生阅历之后，乐凤鸣真正领悟父亲对他的教诲。此时，乐凤鸣萌发了对同仁堂事业的"主动性"。同仁堂药铺的创立、《同仁堂要目》的编撰等一系列价值创造都离不开继承人乐凤鸣强烈的主动性。这是否意味着如果没有接受乐显扬的启蒙教育，乐凤鸣就不会有主动性了？答案虽然并不绝对，但是从这对父子的经历来看，这种启蒙教育会对子女成熟后的事业选择起到一定的助推和引导作用。事情或事业当然需要交给下一代人，由一代代新人来做，但是上一代有责任展开一番设计或引导，让一代代人正向成长。

做法二：乐凤鸣不吃老本，开拓市场

不可否认，今天一些第二代无法延续上一代的成功，不乏"啃老"或者"吃老本"的原因。乐凤鸣本来可以在父亲创立的老店同仁堂药室过安逸的生活，但他没有这样做。为了进一步拓展生意，他不惜重金将同仁堂迁至繁华的商业区大栅栏，扩建并改名为"同仁堂药铺"。而选址是出于这样的考虑：地处内城和外城之间，内城居民社会地位较高，多为官吏和大商贾，外城居民则多为平民百姓，新址可以兼顾内城与外城居民，为更多的人服务。

做法三：乐凤鸣令同仁堂走在药品创新的最前沿

同仁堂药铺创立之后，乐凤鸣首先做的是用五年时间专门研究古药方、长效药方和民间药方。为此，他拜访了许多名医，这些名医都有自己独特的良效处方。相处时间长了，他们了解到乐凤鸣钻研药方的良苦用心，愿意将多年的心得传授给乐凤鸣。有的名医甚至将毕生积累的药方记录册送给乐凤鸣，让他精心炮制成药，使之流传于世。祖上传下的处方，结合乐凤鸣从各处采集的处方，同仁堂研制出诸多疗效显著的名药，如牛黄清心丸、安宫牛黄丸，走在当时药品创新的最前沿。

此外，乐凤鸣还发行了《同仁堂要目》，把各种药品分门别类。这种目录索引在当时也是创举，医生、患者、药商可以对同仁堂药品一览无余，既是宝贵的专业资料，也为宣传同仁堂起到一定作用。

做法四：乐凤鸣巩固同仁堂的核心价值观

核心价值观虽然是一个现代术语，但从实践来看，我国古代的"祖训""家训"等词语已有相仿的含义。乐凤鸣牢记乐显扬创立同仁堂的初衷——"可以养生、可以济人者,惟医药为最"，这是同仁堂的使命。在《同仁堂要目》的序言中，乐凤鸣写下了一段话："遵肘后、辨地产、炮制虽繁必不敢省人工，品味虽贵必不敢减物力。"这一"祖训"或者"堂训"成为同仁堂的"质量宣言"，延续三百多年，至今仍为同仁堂最为重要的价值观。

从乐显扬到乐凤鸣，同仁堂越加成功。可以看到，同仁堂能够延续并取得更大成功，创业者和继承人都必须有所作为。

一方面，继承人的主动选择非常重要。而这种主动性往往源自上一代的影响。另一方面，继承人并不仅仅是继承，而是继续开拓。如果乐凤鸣没有这样的开拓精神，同仁堂最多停留在原来的水平。因此，以同仁堂为例，以顾客为导向、精进专业水平以及塑造企业文化的开拓，对于延续企业的成功至关重要，做到这些的继承人也是创业家。

在逆境中成长：坚定信念

第三个历史实践是步入低谷又走出低谷，逆境反弹。

清朝末期，同仁堂一度坠入低谷，直至乐平泉收回同仁堂，经过乐平泉夫妇的努力，同仁堂走出低谷并取得巨大成功。

在探索同仁堂逆境成长的经验之前，有必要先厘清一个问题：乾隆以后清朝逐渐走向衰落，同仁堂也在这个时期逐渐衰落，两者之间只是一种在时间上的巧合，还是存在着因果关系？如果这是一种因果关系，那么同仁堂的衰落就主要是由环境的不景气决定的。但是，针对这一点笔者认同乐民成的分析："凡是以纯粹商人的经营头脑接手去追求最大利润时，均无法持久。"也就是说，经营不当才是企业衰落的根本原因。若干商人接手同仁堂均没有取得成功，恰恰是因为他们作为"纯粹商人"，追逐短期利润，与同仁堂的宗旨是完全相违背的。完全以利润为中心，产品质量无法保证，才是同仁堂衰落的根源。这种根源，正是乐平泉复兴同仁堂的机会。

乐平泉少年时，同仁堂正处于低潮期。父亲乐嵩年没有掌握同仁堂的经营权，乐平泉的家境很差，他只得在北京"懿文斋"南纸店当学徒，自己养活自己。乐平泉儿时便立下他生平最大的志向：竭尽全力，使同仁堂有一天回归乐姓故主。在董迪功经营同仁堂时，乐平泉在崇文门外创办了一家小药室，名为"广仁堂"。广仁堂采用同仁堂的配方，按照祖上的传统，严格炮制各类药品，毫不草率。由于药品精良、药效显著，广仁堂很快在当地积累了名气。

另一方面，董迪功无法生产出优质药品，只能依赖于乐平泉，同仁堂的药品实际上来源于广仁堂。因此，同仁堂的经营实质上变成了制药加门面的联营方式，而真正起主导作用的已经是乐平泉。1843年，董迪功已负债累累，乐平泉借机出资，将同仁堂收回。

乐平泉之所以可以筹集到大量资金为同仁堂偿还债务并复兴同仁堂，来源于其与源记票号等诸多钱庄的良好合作。而这种良好合作又来源于乐平泉和同仁堂良好的信誉。同仁堂至今仍保留着多件当时的借据，其中乐平泉亲笔所写的借据最多，并且都附有相应按时结清手续的文件，借据井井有条，其诚信态度非一般商号可比。

除了与银行建立了良好合作，笔者还发现同仁堂与当时诸多外部组织和力量建立了良好的合作关系，包括政府、同行及社会公众。《同仁堂史》对残存的乐平泉与政府交往的信件进行了统计，涉及官府18处，大小官员239人，其交往之广、势力之大，非常惊人。乐平泉以一介商民的身份捐官至二品，成为形同督抚大员的"红顶商人"。这种做法看似与当年乐显扬所提倡的并不一致，但实际目的并无分歧，都是为了成就同仁堂的事业。在动荡的年代，同仁堂势单力薄，要想生存和发展，必须积极寻求外部力量的支持。

除此之外，乐平泉时期的同仁堂还与同行、公众有着良好的来往。在医药界，每逢"药王"生日，同仁堂都会邀请名角举办"堂会"，宴请社会名流、名医、各大药铺铺东，以及街坊四邻，有些人甚至是专程来听戏的。即使是不认识的人，同仁堂也对他们热情接待。这种定期活动逐渐成为以同仁堂为中心的社会活动日，而同仁堂也成了药界的领袖。与各药行的良好往来，不仅增强了同仁堂在药界的声誉和地位，也为同仁堂带来了直接的益处，可以为同仁堂保证地道药材的供应，帮助同仁堂得到好药。此外，北京每年春季都会挖水沟清污，为了方便市民夜间安全出行，同仁堂在路边设置了公共"沟灯"。夜晚，印有"同仁堂"字样的灯笼给人们带来光明和安全感，增加了人们对同仁堂的信任。

乐平泉去世之后，同仁堂交由其夫人许叶芬经营。1900年，在"义和团运动"中，同仁堂被烧毁，许叶芬率领全家回老家山西避难。1901年冬，他们重返北京，重振同仁堂。许叶芬围绕"人"展开了两项重要的举措，让同仁堂的人员恢复了活力。一是重赏在战乱期间留守同仁堂的功臣。许叶芬调查了她不在北京期间，同仁堂工作人员的情况和表现，重金酬谢并提拔重用与同仁堂患难与共的员工，没有让"雷锋"吃亏。这使得同仁堂东家、查柜和伙计上下同心同德，空前地团结。二是实施了工资改革制度，实施基本工资加售货提成零钱的"复合工资"。这促使同仁堂员工愿意付出更大的努力去争取更多的报酬；同时，因为生意与自己有关，员工觉得自己也成了同仁堂的主人，这在当时无疑是非常领先的管理方式。

综上所述，乐平泉夫妇时期的同仁堂之所以可以逆境重生并取得极大成长，可以归结为对四个重要元素的实践：

（1）坚定的信念。无论是乐平泉儿时的志向，还是许叶芬战乱时期对同仁堂的不放弃,都体现了坚定的信念是在逆境中生存的力量源泉。

(2)卓越的产品品质。这是乐平泉得以收回和复兴同仁堂的基本保障,也是真正具备竞争力的同仁堂所持有的优势。事实上,《同仁堂要目》早已将药方公开,却鲜有人做到。卓越的产品品质看起来简单,实际上很难实现,要求管理者放弃一定的眼前利益,并且拥有极强的行动力。正因其难,这个要素在实践中变得更具价值。

(3)协同力量。同仁堂的逆势成长并非靠一己之力,而是融合了诸多的外部力量,包括银行、政府、行业及公众。同仁堂不再势单力薄,在逆境中聚集了促成反弹的实实在在的力量。其中,不容忽视的是民心所向。乐平泉不只是在和银行、政府、行业联合,更重要的是赢得民心,而这才是本质要素,是同仁堂所从事的事业与外部协同的初心所在。用心做药,这是基础,也是可以协同一切力量的根源;二是组织公益活动,为百姓点"沟灯",还有诸如夏季送暑药、办义学等,都拉近了与老百姓的距离。海量的顾客才是最大的力量。

(4)释放人员的活力。尽管同仁堂被烧毁,但是管理者聚焦激发活力、释放人员的能量,同仁堂得以重整旗鼓。员工的活力是企业强大的内力。唤醒成员的内驱力;充分肯定热爱事业、认同组织,且真正付出实际行动的员工;尊重劳动和贡献,不让"雷锋"吃亏——这时的组织才拥有正气与士气,大家才能彼此团结和共同奋进,从而令事业恢复生机。

企业要在逆境和低谷中实现强力的反弹,需要将生存信念、产品品质、协同力量及人员活力综合调动起来,才可以集聚成长的强大力量。

规模扩张:和而不同

第四个历史实践是乐家老铺广开分店,却没有兴旺。

乐氏家族数代人的共同努力,尤其是乐平泉夫妇使同仁堂中兴,为同仁堂这家乐家老铺更长远的发展打下基础。历史上有过外界假冒同仁堂招牌售卖假药的情况,因此,为了保证同仁堂的招牌,避免人们上当受骗,乐家没有开设分号的传统。在乐平泉夫妇之后,同仁堂由四房共管；同时，四房又广开分号，乐家看似家大业大，却没有出现理应呈现的繁荣景象。事实上，共管和分号本身并没有问题，都可以看作是一种与规模相伴的分权表现；乐家老铺（包括同仁堂）没有兴旺，究其原因，需要回到同仁堂的经营者乐氏家族的内乱上。

对于这个时期的同仁堂和乐家老铺，乐松生有着沉痛的回忆。四房开设分号，是一场钩心斗角的斗争。例如，当乐达仁在天津开设"达仁堂"后，乐佑伸就在对面开设"乐仁堂"来竞争，这是大房和四房的斗争。马路西边开设了"乐仁堂"，"宏仁堂"就在马路东边出现了，这是大房亲兄弟间的斗争。四房各自挪用同仁堂的名贵药料，同仁堂请警察看守药库，目的竟是防止被家人盗窃。四房各自在同仁堂门市兜售自家药丸，职工也因四房的明争暗斗分为几派。

窝里斗和恶性竞争使乐家老铺变了味道，牺牲了老铺制药的优良传统。分号打着同仁堂分店的名气，却用着完全不一样的制法。乐松生感叹："这时我家人大半过着声色狗马、吃喝玩乐的生活，也有吸食鸦片的。这个封建大家庭经过几十年的安乐享受，已经日趋腐化了。"

为成功归因时，因素可能有很多，因为成功往往由多个因素共同促成；也因此，成功非常不易。但对失败归因，可能简单很多，一个庞大的企业，不需要太多理由，甚至仅仅一个因素，就可能导致失败。这个时期的乐氏家族就是如此，一个经过世代人奠基的家族基业，却在一代人的不当行为之中衰落。其中的关键原因，可以从巴比伦塔的故事中清楚地看到：一群人原本可以建造一座雄伟的高塔，但造物者打乱了统一的语言，致使他们没能共同完成这个任务。结合中国文化"和而不同"的智慧，乐家老铺之所以走向衰落，正因为欠缺了"和"这一关键要素。因为不和，乐家老铺内部消耗了过多的能量，无用之功导致自身的变质，更不用说成长了。

分权下的经营可以各有不同，但如果彼此不和，结果便是无效。如果用组织管理的语言来讲，对应分权的"分"，这个"和"的内涵实际是"合"，是大家在一起的合力，是组织的"合作"本质。同仁堂在这个时期的教训警示我们："合"对企业亦至关重要；企业成长得越大，就越要注意"合"的问题。大企业难免会"分"，例如分号、拆分事业部等，但仅有"分"还是不够的，还要有"合"，否则如同乐家老铺一样，成长难延续，"分"也就失去了应有的成效。需要特别指出，这里的"分"与"合"，并非"分久必合，合久必分"，两者同时存在，才能保证企业的成果。

有效分权经营的基本前提是统一的战略与文化管理。在同仁堂的案例当中，统一的战略管理意味着集团对各个分支或业务单元有统一的规划。统一的文化管理意味着各个分支有统一的价值观与规范，有严格的制度约束。要想做到这样，同仁堂的分支机构就不能只是打着同仁堂或者乐家老铺的旗号，却私下乱来。所以，分权意味着，分支机构在享受权利的同时，也承担相应的责任。同仁堂的分支不能只享受品牌带来的好处，更应保护品牌，履行这个品牌必须要带给消费者的承诺。有了这些集中的设计，才能在分权以后不乱。

步入新时代：与时俱进

第五个历史实践是巨变时代中的改变。

伴随着时代的转折和历史的巨变，同仁堂也在发生重大的变化。新中国成立初期，同仁堂已经濒临破产，处于无人管理的状态。乐松生在《北京同仁堂的回顾与展望》中较为详尽地记录了同仁堂在这一时期是如何改造的。新中国成立前，乐松生看到了党对民族工商业采取保护政策的文件，此时他开始关注两个方面：一是观望政府的政策究竟如何，二是看职工对经营者的态度如何。后来在劳资谈判上，职工推选乐松生为经理。乐松生被推选为总经理，让他感受到党对工商业采取的保护政策是千真万确的。

出于对变化的认识，当各房兄弟钩心斗角时，乐松生带头申请公私合营。同仁堂成为北京市最早公私合营的企业，从新中国成立初期到"文革"之前，同仁堂的生产效率得到了极大的提高。从整个宏观经营来看，得益于社会形态和生产关系的根本改变，曾束缚生产力发展的封建生产关系，转变为公私合营后的生产关系，解放了生产力。从微观层面来看，这个时期的同仁堂率先走出科学化道路，展开了技术革新运动，创造了装水丸机、升降机等诸多机械化的设备。

可见，同仁堂的重生和发展是与时代紧密联系在一起的。在历史性巨变的时候，同仁堂随之积极转变——同仁堂集团的组建也是顺应历史潮流的。改革开放之初，同仁堂已有三百余岁，要让同仁堂不止于原有的水平，实现质的飞跃，就要完成历史性的突破。因此，借助改革开放的契机，1987年至1992年，经过五年孕育，同仁堂集团成立，而成立后的集团则进一步具备了规模效应和整体优势。

同仁堂的实践乍看没有特别之处，其体现的正是企业要主动适应环境变化的规律。但如果仔细分析，同仁堂的确有其独到之处。细节一是新中国成立时同仁堂年近300岁，已经是一家非常老的企业，甚至是中国最老的企业之一；细节二是同仁堂是北京市第一家公私合营的企业。把这两个细节结合起来，就会有一个独特的发现：一家最老的企业最早做出转变。这才是这家老企业长寿的根本原因。事实上，很多老牌企业倒在变化面前，究其原因，并非没有变化，而是为时晚矣，没有及时跟上时代的步伐。并且，因为受过去的影响，对于一家老企业而言，变化是艰难的，尤其是率先变革。最年长的企业最先改革，是非常了不起的！同仁堂带给了老企业新的启示：企业越老，越应该对环境的变化保持敏感，要越早地改变自己以适应环境；或者说，要提早做出应对变化的准备。

如何持续进化

同仁堂的历史实践告诉我们，一个致力于长久发展的企业应该在初创、继承和发扬、低谷或逆境中成长、规模化后分权处理，以及重大时代变革中的转型等各个阶段，均有所作为。这就需要经营者清晰地把握每个阶段成功的关键要素,才能在行为上不乱,才能有条不紊地缔造出持久的生命力。

奠定事业根基

第一,要奠定事业的根基。一个致力于长久发展的企业,在创业阶段就应该把握好奠定事业根基的关键要素,包括诚信、知识和意义。践行诚信会为事业赢得来自内部和外部的信任与支持,知识积累可以为事业提供最为直接的生产力,意义导向则可以为事业明确方向,避免步入歧途,少走弯路。这三个要素无一不体现着人性的善,因此,心存美好并愿意付诸实践,任何人都可能获得这些关键要素。相反,这些要素看似简单和平淡,许多人却因受到复杂环境的影响或诱惑,轻易将之忽视。例如,在利益面前缺失诚信;不断赶路而丢失意义;内心浮躁而没有意识到知识的价值,不能沉下心来下功夫学习,从而无法获取知识这一重要的创业资本。因此,任何人创业,最重要的是从开始便把握最重要的要素,这是企业具有生命力的根本与基础。

责任贯穿每一代

第二,责任要贯穿每一代。在事业的交接上,上一代对下一代的成长有教育的义务,下一代对事业的存续乃至发展有担当的责任。延续事业,是上下两代人共同再造卓越的重任。上一代的教育失职,不但会损害事业的延续,甚至使得下一代给社会带来负面影响。同样,下一代不能简单地继承对权力、资源的消费,而应再度创造,首先应在三个维度上开拓——贴近顾客、提升专业能力、巩固价值观。在这三个维度取得新成效的第二代,甚至"第N代",不仅仅是继任者,也是创业家,有了他们,企业的生命力就会延续。

用知识做纽带连接每一代人

在同仁堂创始人乐显扬的"成就感"的引导之下,其子乐凤鸣传承并创新了同仁堂的事业。当然,也可以说,乐凤鸣是在上一代的影响或熏陶下成长起来的。乐凤鸣不仅进行了商业拓展,让同仁堂从"药室"拓展到"药铺",并乔迁至可以接触更广大顾客的新址大栅栏;更重要的是,他总结了商业经营的方法,将由专业能力和价值观构成的同仁堂知识系统化、可视化。因为有了这套知识,同仁堂可以不再依赖于某个人,而是遵循方法前行。其间的标志就是1706年出版的《同仁堂药目》。它呈现了同仁堂业务的专业知识,也表达了价值观,是同仁堂经营价值观的体现,其书写的是同仁堂必须坚守的原则,奠定了同仁堂文化的基础。

乐凤鸣所总结的专业知识来自两个方面:一是文献研究,也就是其父亲在学习医药时研读的大量典籍;二是医药实践,包含了同仁堂自身的从医经验,也包含了乐凤鸣本人在民间对各种医药实践的研究探索。同时,《同仁堂药目》体现出顾客或市场导向,它不像《本草纲目》那样按照药材进行编目,比如草部、谷部、菜部、果部,而是按照疾病或功能进行编目,比如风寒门、燥火门、瘟疫门、补益门。所以,这不仅仅是专业技术本身的呈现,也是以市场为导向的技术呈现,体现了技术与市场的协同,这也更符合医学的实践特征。

此外,《同仁堂药目》表达了实实在在的同仁堂精神,"炮制虽繁必不敢省人工,品味虽贵必不敢减物力"正源于此。同时,乐凤鸣深度挖掘了同仁堂事业的意义:"可以养生、可以济人者,惟医药为最"。此外,乐凤鸣还在其中表达了对诚信经营的态度,对假冒伪劣深恶痛疾、绝不容忍。面对"挂京都同仁堂招牌售卖假药、希图渔利"的现象,他通过《同仁堂药目》提醒顾客:"凡赐顾者务须亲至本堂当面交易,毋为小人所惑。"这表明同仁堂正大光明、不急功近利的商业立场。这与德鲁克"企业唯一的目的就是创造顾客"这一主张非常一致。

留给后人知识的财富

不要低估了这份药目的意义,这是同仁堂文化传承的载体,是药方背后的企业经营秘方。如《华为基本法》中所说,"资源是会枯竭的,唯有文化才会生生不息",同仁堂实实在在的文化成为其后代在资源枯竭时最为宝贵的救命稻草。自乐凤鸣后的五代，同仁堂的资源已经枯竭，而这时的乐平泉则回归同仁堂精神，重振事业。1880年乐平泉去世之后，其夫人许叶芬于1889年重新出版了《同仁堂药目》，从中可见这个载体随时光流逝而愈发强劲的生命力。企业要重视这样的文化载体，崇高的核心价值观应该是代代遵守和流传的行动智慧，践行价值观的责任应贯穿于每一代人。

从本质上讲，不论是乐显扬作为一个草根的创业，还是乐凤鸣的传承与创新，知识都是当中最重要的资本；而乐凤鸣真正的创新——《同仁堂药目》也是一笔宝贵的知识财富。相比有限的资源，知识才是同仁堂生命的资本，才是核心能力，是更加持久的文化竞争力。这和现代管理理论中对资源、核心能力以及组织文化的界定非常一致。经济学强调发挥有限资源的价值，在管理学当中，既有对资源重要性的承认，如资源基础观认为资源是竞争优势的来源；而后又有更进一步的突破，那就是核心能力与组织文化理论。相比有限的资源，企业的持续竞争优势来源于核心能力，而文化是一种软性的核心能力（如7S模型），是企业竞争优势和持久生命力的关键所在。所以，文化是一个企业或组织的传承之本。当一个企业把知识转化为行动，做到知行合一时，也就有文化了。个人也是如此。

直面和应对逆境

第三，要直面和应对逆境。要致力于成为一家有长久生命力的企业，就要做好面临低谷或困境的准备，除了走出低谷和逆境，别无选择。任何企业都不可能只有高峰没有低谷，或者只经历大好环境，不遭遇环境的困顿。环境不好或者企业陷入低谷不能成为失败的理由，企业应当主动为自己营造四股重要力量——生存信念、产品品质、协同力量和人员活力：保有坚定的生存信念；不因任何理由放弃对于产品品质的坚守；集结一切可能的外部力量突破困局；释放员工的活力，使之转变为企业的活力。

用好产品自救

企业要保有活力,必须依靠真功夫。产品就是真功夫最好的表达,换言之,一个企业有没有真功夫,看看它的产品就知道了。但要有真功夫,就得肯下苦功夫。在同仁堂历史上,投机者得到了"同仁堂"这块金字招牌,却没能维系住,就在于不肯下功夫。实际上,同仁堂敢于将药方公布于世,其真正难以复制的是肯下功夫去做好药。这也符合了核心能力的界定:下了功夫,才不容易被复制,才形成核心能力。肯下功夫,是同仁堂真正的"秘方"。

逆境中的乐平泉重振同仁堂靠的就是肯下功夫的核心能力。同仁堂被投机者占领后,落魄的乐氏家族只剩下乐平泉这个"独枝"还在坚守祖训。乐平泉按照同仁堂的真正"秘方"扎扎实实地做药,反而成了拿到"同仁堂"这块牌子的人的供货商。乐平泉创立的只是一个"小小的广仁堂",看似不起眼,却掌握了大名鼎鼎的同仁堂的核心,真正赚取了更多回报。也因此,乐平泉后来才有资本收回同仁堂,让肯下功夫制药的核心能力与金字招牌合而为一。乐民成说:"自乐显扬首创同仁堂以来,乐家最关键的人物以乐平泉为最。"

这段历史还蕴含着一个检验人性的地方,也是真正考验商业习性的地方,那就是做事是否偷懒、投机。在近百年的经营中,心术不正的投机者逐渐消耗前人打下的基业,实际上是在毁"同仁堂"这块金字招牌,直到乐平泉的崛起,重塑了品牌和基业。这就是真正的创业者和投机者的区别,乐显扬、乐凤鸣、乐平泉这些人是创业者或企业家,而另外一部分心术不正、只图短期利益的人,虽然也在经商,却是投机者。

在苦难中磨炼品性

坦白说,同仁堂历史中这些外姓人的投机行为也从一定程度上可以说明我们在传承中可能听到过的一种声音——"传内不传外"。这种做法其实就是在担心人性,是在防止人性不好的一面,认为自家人会更爱惜祖业,更珍惜家族的口碑。而创始人可能更担心的是,自家宝贝落在心术不正的人手里,招摇撞骗,甚至欺压百姓,于是在传承时小心翼翼。

从某种程度上说，国内外的创业者有时候会把自己的名字当作企业的名字，这也是期望后人维护名望，不要做有辱企业名声的事情。

但从现代管理的角度来看，这也可能限制企业的发展。现代企业和家是两回事，需要借助分权和共同事业来促进企业的壮大，需要依靠和激活更多的人来共同发展组织。因此，是不是外姓经营并不是最重要的，同仁堂历史中的那些投机者的确是外姓人，可在大火中拼命守护同仁堂牌匾的员工也有外姓人！因此，企业需要甄别和塑造的是人性，而不是出处。

避免大型组织的混乱

第四，要避免大型组织的混乱。做一家有长久生命力的企业，不仅要解决如何长大的问题，还要面对长大后如何做的问题；否则，"大"会成为企业的负担。良好的创业、一代又一代的努力，以及度过低谷，这些都可以让企业成长，但事实上，大企业并非坚不可摧，针对"大"的致命弱点，是否能做到"合"事关重大。大企业离不开分权的设计，同时，不进行分支的设计，企业的成长往往会遇到瓶颈，过去的实践和理论都足以解释。需要格外注意的是，企业越大，越要注意"分"与"合"的同构。其中，"分"指的是企业会被分成或拓展出若干分支，而"合"则是指分支之间相互的配合，形成合力，而不是内耗。内乱只会给企业增加负担，甚至损害企业的生命。

企业就像一棵树，会慢慢地分叉。一开始可能不乱，后来慢慢地枝繁叶茂时可能就乱了。混乱发生在组织当中，就是内耗，会削弱组织的生命力，甚至终结组织的成长。如何根本地解决问题？回到"根"上来。这个根就是"正气"，干正事。新中国成立前，同仁堂产生混乱，四大房明争暗斗，职工也分成几派，这个封建大家族日趋腐化。是中国共产党的"正气"唤醒和解救了同仁堂，如乐松生所感慨的，"感谢共产党结束了我们这个封建大家族彼此之间明争暗斗的丑恶一面，并且把同仁堂和所有乐家老铺的分号引上了社会主义改造的光明大道"。

当然，在这个重大的帮助和引导背后，还存在着一个自我管理的问题。

刘永好兄弟创立的"希望集团"就是典型案例。创立于1982年的希望集团被誉为改革开放后中国企业界的常青树。同样是兄弟"四房"，他们却在积极成长，齐心协力把事业一步步做了起来。20世纪90年代中期，希望集团成了中国最大的民营企业之一，这时候兄弟们就开始讨论"分家"了。"分家"之后，刘永好兄弟之间对全国市场进行划分，并约定互不侵犯，这样就"不乱"了。而更漂亮的"不乱"在于，他们布局全国市场后，在产品业务上也不冲突。如刘永好所说，"分开了大家还是亲兄弟"，这是对组织"分"与"合"的精确概括。

"合"意味着，兄弟之间相互学习和帮助。由此，更好的结果是，大家都在积极地相互鼓舞，这才是更大的"士气"。人力资源和组织行为学科产生的标志是"人际关系学说"，在该学科奠基人梅奥看来，真正的人际关系就是一种士气，这种士气是彼此合作。注入正气和士气，企业才会收获人力资源和组织行为学所讲的合作的力量。

化繁为简，用管理学的语言说，分权是组织管理的标志性活动，合作本就是组织的本质。"分"与"合"缺一不可。

向着生命的方向进化

向着生命的方向进化。按照人类寿命的一般规律，可以大致界定生命的极限；但是对于企业而言，无法明确界定最有生命力的企业可以活多久。这是企业生命力的独特之处。要做到这一点，老企业就要先人一步变化，这要求老企业更加敏锐地去洞察环境和时代的变化；反之，如果一家老企业无法及时地自我革新，就会抵达生命的极限。

历史是最好的教科书，以史为鉴，同仁堂带给我们的最根本的启发在于，我们的行为是否还符合正确的价值观？

同仁堂好好做药的时候就成了，不好好做药的时候就不成，这就是经营企业的极简本质——要做就好好做。所以,很重要的问题是:艰苦奋斗、以客户为导向、为人民服务等,这些支撑个人或组织(甚至社会)取得成就的初心是否还在?最大的考验在于,我们在取得成就以后是否还拥有这样的初心?

没有法律规定哪家企业可以一直活下去、生长下去。活下去、生长下去须遵循的规律是坚守良知,保持初心。在历史的长河中,总有新旧更替,当然,也有常青树。关键在于,我们是否"不乱"。

一个人在创业时什么都没有,当然得拼搏,得好好对待客户。问题是,有一天成功了,管理着大企业,有了很多的资源和权力,面对诱惑,还会坚守底线和原则吗?还是,自己已经乱了?

领先者一定要警醒:高处不胜寒。在奋斗之路上要稳健,如履薄冰,警惕骄傲自大与得意忘形。逆境容易击垮一个人,但是如果不乱,也会绝处逢生。

不论身处何处,我们都要时刻问问自己:曾经那个说要一心一意对待顾客的自己还在吗?曾经那个说无论什么时候都不能欺负弱者的自己还在吗?曾经那个满腔热血和正直的翩翩少年还在吗?曾经那个说不会被任何困难打倒的自己还在吗?

唤醒自己:保持不乱,沿着初心进化。

---

[1] 研究同仁堂过去几百年的历史,离不开一些宝贵资料。这些资料主要来自同仁堂集团的史料整理、乐家后人对同仁堂的回忆,以及对同仁堂内部人员的访谈。从资料载体看,主要是书籍,包含:由同仁堂集团组织编写的《同仁堂史》;乐家后人乐民成所著《国药世家三百年》,这是乐家后人所著的第一本同仁堂回忆录;乐家后人乐崇熙所著《清平乐:北京同仁堂创始人乐家轶事》;中国社会科学院历史研究所定宜庄等所著《个人叙述中的同仁堂历史》,该书主要以访谈记录的形式来呈现20世纪以后的同仁堂历史;乐凤鸣编写的《同仁堂药目》,这是一份有标志性意义的史料,除药学价值之外,还表达了同仁堂的经营宗旨。